シリーズ
〈生活科学〉

生活文化論
〔訂正版〕

佐々井 啓
篠原 聡子
飯田 文子
▶▶▶▶▶▶▶▶［編著］

朝倉書店

編 集 者

佐々井　　　啓	日本女子大学家政学部被服学科
篠 原 聡 子	日本女子大学家政学部住居学科
飯 田 文 子	日本女子大学家政学部食物学科

執 筆 者

佐々井　　　啓	日本女子大学		小町谷　寿 子	名古屋女子大学
篠 原 聡 子	日本女子大学		赤 堀 博 美	赤堀料理学園
飯 田 文 子	日本女子大学		伊 藤 香 織	日本女子大学
村 田 あ が	跡見学園女子大学短期大学部		桜 井 理 恵	一宮女子短期大学
米 今 由希子	武蔵野女子大学短期大学部		鈴 木 佐 代	日本女子大学大学院
鈴 木 みのり	日本女子大学		先 川 直 子	目白大学短期大学部
山 岸 裕美子	群馬社会福祉大学		草 野 千 秋	ジュエリーデザイナー
福 田 陽 子	日本女子大学		木 下 壽 子	東京大学大学院
岩 崎 恵 子	日本女子大学		小 野 洋 子	小野田莫大小(株)
沼 田 早 苗	沼田早苗建築設計室		田 代 久 美	宮城大学
神 埜 正 子	川村学園女子大学		島 崎 佐智代	高知女子大学
牧 田 知 子	日本大学		青 木 淳 子	東横学園女子短期大学
山 村 明 子	大阪女子学園短期大学		大 杉 真奈美	大杉・池田アーキテクツ
尾 林 道 子	日本女子大学		鈴 木 桜 子	杉野服飾大学

(執筆順)

はじめに

　20世紀末のさまざまな社会の変化は，21世紀の私たちの生活を見直していく契機をもたらした．そこで，このたび本書では，歴史上に足跡を残していたり，民族によって生み出されてきた生活を文化的な側面からとらえ，今日につながる生活様式や文化を家政学的な視点から明らかにしていくことを試みた．とくに，それぞれの時代に特徴的な住居，衣服，食生活という3つの側面からのアプローチを行って，その時代の生活を総合的に理解することができるように考えた．

　まず，生活文化のとらえ方を明らかにし，民族の生活文化を概観した．

　次に，「貴族の生活」として，日本の平安時代とヨーロッパ18世紀を取り上げ，さらに「武士の生活」の特徴をとらえて，今日につながる伝統文化を考える手掛かりとした．「市民の生活」では，直接，私たちの生活に結びつくと思われる日本の江戸時代とヨーロッパ19世紀，アメリカ19世紀を取り上げ，新しい産業とのかかわりにおける大衆文化の発展を明らかにした．

　明治以降の日本では，欧化政策により，新しい欧米の生活文化が導入されて，伝統的な生活との融合がはかられるようになったので，その側面をとらえてみた．そして，それは，大正・昭和へと受け継がれていって，日本の特徴的な生活文化を生み出して今日に至っている．

　一方，ヨーロッパ20世紀には，機能性を目指す新しい造形思想が誕生し，それらが生活の場で使われるさまざまな造形を中心として起こったことは，新たな方向をもたらした．日本では，その影響はとくに20世紀後半になって大きくなり，欧米の生活に近づく結果をもたらした．そして，これまでの生活を踏まえて，21世紀の生活文化について，それぞれの分野から考えてみることにした．

　以上のような内容は，必ずしも十分なものではないが，過去の生活のありさまを知ることによって，これからの生活のあり方を考えていく手掛かりとなるのではないか，と考えている．

　なお，巻末に多くの参考文献をあげさせていただいた．ここに記して感謝の意を表したい．より深く学びたいときにはぜひ，参照していただきたいと思う．

また，本書の企画にあたっては，日本女子大学住居学科教授 沖田富美子先生と食物学科教授 吉中哲子先生に，項目や執筆者について多大なご助力をいただいた．先生方のお力によって本書が完成したことを心から感謝している．全体としてその分野を専門としている若手研究者の方々に執筆していただいたが，不十分な点はご指摘いただきたい．

　最後に，本書の刊行にご尽力いただいた朝倉書店編集部の皆様に厚く御礼申し上げる．

　2002年3月

佐々井　啓
篠原　聡子
飯田　文子

目　次

1. **生活文化とは** ……………………………………〔佐々井　啓〕… 1
   1.1 「生活」の定義 …………………………………………… 1
   1.2 「文化」の意味 …………………………………………… 2
   1.3 「生活文化」とは ………………………………………… 3

2. **生活文化と民族** …………………………………………… 4
   2.1 風土に住まう ……………………………………〔篠原聡子〕… 4
   2.2 現代に生きる民族服 ……………………………〔佐々井　啓〕… 8
   2.3 食文化の分布 ……………………………………〔飯田文子〕…12

3. **貴族の生活 1 [平安時代]** ……………………………………16
   3.1 寝殿造りに住まう ………………………………〔村田あが〕…16
   3.2 束帯と襲色目 ……………………………………〔米今由希子〕…20
   3.3 大　饗 ……………………………………………〔鈴木みのり〕…24

4. **武家の生活 [室町・安土桃山時代]** …………………………28
   4.1 座敷の発達――書院造りの形成 …………………〔村田あが〕…28
   4.2 武家服飾と古典芸能 ……………………………〔山岸裕美子〕…32
   4.3 本膳料理と懐石料理 ……………………………〔鈴木みのり〕…36

5. **貴族の生活 2 [ヨーロッパ 18 世紀]** ………………………40
   5.1 ロココ様式の室内装飾 …………………………〔福田陽子〕…40
   5.2 18 世紀フランス宮廷の美 ………………………〔岩崎恵子〕…44
   5.3 ブルボン王朝の豪奢な食卓 ……………………〔飯田文子〕…48

6. 市民の生活1［江戸時代］ …………………………………………… 52
- 6.1 町家——町人文化とともに開花した建築様式 ………〔沼田早苗〕… 52
- 6.2 「だて」と「いき」 ………………………………………〔神埜正子〕… 56
- 6.3 飲食店と料理屋の出現 ……………………………〔鈴木みのり〕… 60

7. 市民の生活2［ヨーロッパ19世紀］ ……………………………… 64
- 7.1 アーツ・アンド・クラフツ運動から世紀末芸術へ ……〔牧田知子〕… 64
- 7.2 ダンディとクリノリン ………………………………〔山村明子〕… 68
- 7.3 レストランの出現 ……………………………………〔飯田文子〕… 72

8. 市民の生活3［アメリカ19世紀］ ………………………………… 76
- 8.1 夢のアメリカンホームを求めて ……………………〔尾林道子〕… 76
- 8.2 ミシンと既製服の誕生 ……………………………〔小町谷寿子〕… 80
- 8.3 西部開拓とアメリカンスタイルの確立 ……………〔赤堀博美〕… 84

9. 明治の生活文化 ………………………………………………………… 88
- 9.1 都市住宅とサラリーマン ……………………………〔伊藤香織〕… 88
- 9.2 和服と女学生 …………………………………………〔桜井理恵〕… 92
- 9.3 行事食と日常食 ………………………………………〔飯田文子〕… 96

10. 明治の洋風文化 ……………………………………………………… 100
- 10.1 洋風住居 ………………………………………………〔鈴木佐代〕…100
- 10.2 鹿鳴館と改良服・アクセサリー …………〔先川直子・草野千秋〕…104
- 10.3 西洋料理の開化 ………………………………………〔赤堀博美〕…108

11. 新しい造形［ヨーロッパ20世紀］ ……………………………… 112
- 11.1 モダンハウスの誕生 …………………………………〔木下壽子〕…112
- 11.2 背広服とイブニングドレス ………………〔山村明子・小野洋子〕…116
- 11.3 食の合理性とおいしさの追求 ………………………〔飯田文子〕…120

12. 大正ロマンの世界 …………………………………………………124
12.1 文化住宅とシンプルライフ ………………………〔田代久美〕…124
12.2 洋風の和服 …………………………………………〔先川直子〕…128
12.3 コロッケの流行 ……………………………………〔赤堀博美〕…132

13. 昭和のモダニズム ………………………………………………136
13.1 インターナショナルスタイルの住宅 ……………〔島崎佐智代〕…136
13.2 モダンガールの誕生 ………………………………〔青木淳子〕…140
13.3 洋食の常食化 ………………………………………〔鈴木みのり〕…144

14. 流行は世界に［20世紀後半］ …………………………………148
14.1 nLDKスタイルと商品化住宅 ……………………〔大杉真奈美〕…148
14.2 ジーンズとミニスカート …………………………〔鈴木桜子〕…152
14.3 ファーストフードとグルメ時代 …………………〔飯田文子〕…156

15. 21世紀の生活文化 ………………………………………………160
15.1 個をつなぐ住まい …………………………………〔篠原聡子〕…160
15.2 機能性とファッション ……………………………〔佐々井 啓〕…164
15.3 食品機能の追究と食環境の充実を目指して ……〔飯田文子〕…168

参 考 図 書 …………………………………………………………172
索　　　引 …………………………………………………………177

1. 生活文化とは

1.1 「生活」の定義

　「生活」は，人間が営む生きていくための活動であり，具体的には衣食住などの手段を通して，人間が生存するためのさまざまな活動をさす．人間の生活には，社会的なかかわりによる生活と，家族とともにすごす家庭における生活とがある．社会的な生活においては，職業による集団や学校などの営みがあり，家庭においては，単身の場合もあるが，家族や同居人との協力のもとに生活が営まれている．このような人間の日常生活をとらえる方法にはさまざまなアプローチの仕方があるが，ここでは次のような点から生活を考えてみたいと思う．

　日常生活のあり方を，生活の場における衣食住などの事例から検討し，日常生活のありさまを多様な角度からとらえてみる．

　たとえば，住生活の視点からは，画一的な方向に進んでいるようにみえる世界各地の住居の現状と地域に根ざした住居との関係を把握することができるかもしれないし，衣生活の視点からは，同じような形の衣服の着用によって衣料品の生産と流通の仕組みについて考えることにもなるであろう．また，食生活の視点からは，世界の主食の歴史や分布をみることで，今日の食材がどのように生産され，消費されているのかを考え，世界的な環境問題にもかかわりをもつべきであることが理解できるであろう．さらに，日常生活の生活財の特徴やさまざまな使い方を知ることによって，それぞれの人々の生活の仕方，すなわち生活様式を明らかにすることが可能となってくるであろう．

　このように，私たちの生活を基盤として，時代や地域をこえた人間の生活のありさまについて考えていくことが，今日の課題であるといえるのではないだろうか．

1.2 「文化」の意味

　「文化」は，英語のcultureにあたる言葉であり，「耕作」を意味する言葉であった．cultureは，人間が定住して耕作し，そこで学問や芸術などを生み出したことに由来する．現在では，学問，芸術，宗教，道徳，法律など，人間の精神が

生み出した分野をいう．

　文化と対比的に用いられる「文明（civilization）」は，市民や都市の意味から由来して，もとは市民にふさわしい教養を表していたが，今日では人間の技術や物質的な進歩に対して用いられている．文明発祥地というい方は，この意味で使われているのである．四大文明は，古代エジプト，メソポタミア，インド，中国におこり，いずれも大河の治水と灌漑による耕作が基本となっていて，その結果，文化がおこってきたのである．このように文化と文明は区別しがたい部分もあるが，19世紀後半には，文化は精神的な面を表す言葉となり，文明は技術や産業，経済などの物質的な発展を表すときに用いる言葉となったのである．

　現在，私たちは，文化という言葉をさまざまな場面で用いている．たとえば，宮廷文化，大衆文化，若者文化などのような階級や世代を表す使い方や，ルネッサンス文化，ロココ文化などのように芸術様式を表す使い方，また，桃山文化，元禄文化などのような時代を表す使い方などは，よく目にするであろう．また，「文化の日」には各地で文化講演会や文化祭が行われたり，文化勲章が授与されたりする．文化とは，私たちの生活にとってこのように身近なものなのである．さらには文化住宅，文化鍋，文化包丁などにみられるように，文化は新しく便利であったり，近代的であったりすることの形容としても用いられている．

　文化という言葉は，本来の人間の精神から生み出されたさまざまな活動を表すばかりでなく，身近な生活財に新しい価値を与える言葉としても定着しているのである．

1.3　「生活文化」とは

　「生活」と「文化」という言葉について簡単にみてきたが，それでは「生活文化」は，どのように考えられるだろうか．

　「生活文化」は，人間が生きていくためのさまざまな活動を通して，生活の中から生み出してきた文化を対象とするものである．したがって，一般的に宮廷文化，ロココ文化といったような範疇よりは，より具体的で身近な対象を考えていくべきであろう．もちろん，時代の文化や階級の文化，民族の文化と切り離して考えることは難しいが，そのような意味での文化の研究にとどまるのではなく，「生活文化」は人間の生活全体の中から，日常的な生活の場にみられる文化的な

要素を取り上げていくものであると思われる．

　たとえば，衣・食・住に代表される暮らし方の問題を，単に「もの」の集成や羅列として考えるのではなく，それらを文化的にどのように位置づけるか，ということが大切である．すなわち，人間の家庭での日常生活におけるさまざまな要素を，単に生活手段としての衣・食・住ではなく，それらが生活様式として定着したものをとらえていくことにより，独自の文化を形成していることを理解することができるのである．

　以上のように，人々の生活に定着したさまざまな生活様式を比較することによってそれらの文化的な側面を浮き彫りにし，生活文化の伝承と革新という立場から衣・食・住をとらえて，総合的に生活文化を考えていくことが重要である．

2. 生活文化と民族

🏠 2.1 風土に住まう

　かつて人々の生活は，その土地の自然や風土と密接に関係していた．住居の形態もまた，それが立地する環境と深いかかわりをもっていた．直接的に自然の条件が建築の形に影響を与えている例もあれば，自然の条件が独自の生活のスタイルを決定し，その生活の形態によって住居の形式が決定される場合もある．

a. 地下の住まい

　中国には「窰洞（ヤオトン）」とよばれる地下住居があり，現在でも多くの人々が生活している（図 2.1）．「窰洞」が存在するのは，夏冬の温度差が激しく，また降水量の少ない乾燥した中国黄河流域である．一般に建築資材と考えられる石や木がなくても住居はつくれるのである．そして，どんな材料（この場合は大地そのもの）を使って建築するかが住居の形式に大きな影響を与えることがわかる．

　「窰洞」には自分の住居としてヨコ穴を掘っていく「靠崖式（カオヤーシー）」と，平地に独立して建設された直方体のボリュームに横穴を掘る「地上式（ティーシャンシー）」，そして「院子（インツ）」とよばれるタテ穴とそこに降りていく斜路を掘り，内側の垂直面にヨコ穴を掘って居室とする「下沈式（シアチェンシー）」とがある．また，「窰洞」は，その主な材料によっても「土窰洞」，「石窰洞」，「磚（レンガ）窰洞」の3つに分類される．「下沈式」の場合，地下につくられるため「土窰洞」が多く，堆積した黄土（おう ど）が荷重に強いという性質が利用されており，そのために掘られた穴の壁は垂直に保たれるのである．人々の知恵によって，大地は建築の構造材料として見いだされたのである．

　また，この地下の住居は，激しい温度差を和らげ，厳しい自然からのシェルターとして機能している．当然，このような住居は，日本のような温暖湿潤な気候条件の中では快適な住居として成立させることは難しい．現在の日本の住居では，狭小な敷地面積を補うために地下室をつくる場合があるが，そこを居住空間とするためには，防水工

図 2.1　窰洞（茶谷, 2000）

事や空調・換気設備など多大なコストを支払わなくてはならない．「窰洞」は，乾燥した寒暖の差の激しい風土の中でこそ有効な住まいなのである．

b. 移動する住まい

モンゴルにある遊牧民族の住まい「ゲル」は彼らの遊牧生活に適応した住まいである．ステップとよばれる草原地帯での牛・馬・羊・ラクダなどを放牧しながらの暮らしは，季節にあわせて移動することを前提としている．そのため，「ゲル」は簡単に分解，組み立てができるように工夫されている（図2.2）．

お椀を伏せたような「ゲル」の形は，草原を吹き抜ける強風に対して合理的な形態である．構造材料はモンゴルの水辺に多い柳の枝が使われている．ハナとよばれる壁はその柳を菱格子に組んだもので，それを円筒形に連結して壁をつくる．屋根は傘のような構造で，中心の天窓（トーノ）の部品をバガナという1対の柱で突き上げるようにして支え，そこから屋根の垂木が壁の上部に向かって掛けられている．平面は直径6～8m，高さは2.5mくらいが平均である．骨組みができると，フェルトでおおい，木の開き扉をつける．ゾボッとよばれるストーブが中央に置かれて完成である．ゾボッの煙突は天窓から突き出し，そこから立ち上がる煙は，「ゲル」に戻る目印になるという．組み立ては女性の仕事とされ，5～6人いれば1時間くらい，畳むのは30分くらいでできるという．

彼らは3～4カ月で次の場所に移動する．彼らが移動した後は，間もなく住居の痕跡は消え，もとの草原に戻る．移動を繰り返す遊牧民族の住まい方は，草原

図2.2　ゲル（京都造形芸術大学編，1998）

図2.3　合掌造り（茶谷，2000）

という環境が維持されるためにも重要な意味をもつのである．「ゲル」は移動型の住居の中でも，寒冷地に適したものであるが，温かい地域であればもっと簡便な天幕式住居が一般的である．いずれにしろ，移動する住居の本質は環境との共生にある．彼らの生活は常にその自然に密着しているから，自然の環境が維持されることが彼らが生きていく必須の条件なのである．

c. 生産する住まい

モンゴルの遊牧民族の住まい「ゲル」が移動を前提とした住居であるとするなら，日本の白川郷の「合掌造り（がっしょうづくり）」の農家は，山林が多く耕地に恵まれない飛騨の白川という場所で生き続けていくための住居である（図2.3）．

「合掌造り」といえば，その大きな萱葺きの屋根が思い出される．萱葺きの屋根は日本では珍しいものではないが，60度もの急勾配の屋根形態は独特で，逆V字型に組まれた部材に棟木（むなぎ）を支持する方法（その形が両手を合わせたようにみえるため合掌造りとよばれている）「扠首（さす）構造」によって構成されている．厚い萱葺きは重要な断熱材でもある．しかし，「合掌造り」の住まいが私たちに教えてくれるのは，単にこの住まいがその場所の自然に適合した建築であるということだけではない．

先に述べたように，白川では山林が多く耕地は少ない．だから，そこからの収益もまた少なかった．それを補ったのが養蚕である．「合掌造り」の1階と中2階は大家族の住まいになり，2階以上は蚕室になっていた．もともと豪雪地帯では冬の時期に1階の出入り口が使えなくなってしまうため，2階以上に開口部がある必要はあったわけだが，ここまで巨大な屋根裏空間がつくられたのは，「合掌造り」が農業と養蚕を支える大家族と蚕が共生する住まいだったからなのである．

家長が統率する拡大家族は近代以前の家族の形態として一般的なものだが，この「合掌造り」には養蚕が盛んだった江戸時代末期から明治のはじめにかけて20人以上住んだという記録もあるから，かなりの大家族である．家長夫婦と長男夫婦以外にその兄弟・姉妹が共棲していた．耕地が少ないため分家をすることがかなわず，成人した後も大家族の中で暮らしていくしかなかったのである．それは誰もが結婚し子供をもつという再生産の平等を欠く悲しい事実ではあるが，その場所で生き続けていくための現実でもあった．「合掌造り」の大きな屋根はそうした厳しい現実を包み込んだ住居だったのである．

d. 均質な住まい

　現在，私たちは東京でもシンガポールでもニューヨークでも，似たような住まいを手に入れることができる．とくに集合住宅は非常によく似ている．鉄筋コンクリート造，もしくは鉄骨造で建てられ，窓にはアルミサッシが入り，エアコンディショナーが整っている．バスルームでもキッチンでも水道をひねればお湯も水も出る．もちろん小さな差異はたくさんあるが，これまでの項で取り上げた自然に密着した住まいとの差異に比べれば，こうした住まいはとても均質なものだということができるだろう．夏は涼しく，冬は暖かい，そればかりではなく熱帯に行っても，寒い地域に行っても，大して変わらない室内環境の中で暮らすことができる．こうした住まいは近代のさまざまな技術の上に成立している．その恩恵にあずかった住まいということができる．しかし，地球上のすべての人々がそのような住まいで暮らすことができるわけではない．そして，季節や風土に関係なく，暑くも寒くもない暮らしが環境に大きな負荷を与えていることも事実である．近代的な技術の上に成立した住まいを手に入れた今だからこそ，風土の中で成立した住まいを歴史的に振り返ることの意味は大きいに違いない．

　また，こうした住まいの中から私たちは，自然との関係だけではなく，空間を共有する関係として新たな家族関係を見いだすかもしれない．高齢化や少子化，そして価値観の多様化によって，家族という形態もまた多様化が必至の現在だからこそ，私たちは歴史という時間の中に，そして世界という空間の中に学ぶ必要があるのではないだろうか．

図 2.4　集合住宅（京都，向島ニュータウン）

2.2 現代に生きる民族服

歴史上にはさまざまな民族が現れ，統合されたり征服されたりして消滅している場合もあるが，その歴史を受け継いだ生活をおくっている民族も多い．ここでは，現代にその形をとどめている民族服をいくつか取り上げ，形と着装の点から分類してその特徴をとらえてみよう．

a. 体に巻く形

長方形の布を体に巻く形の衣服は多くの地域にある．これは，布を織ってそのまま体に巻きつけるという原始的な着装法であるが，やがてさまざまな変化形式を生み出し，今日まで用いられている．

1) サロン　サロンは，東南アジアに多くみられる衣服で，幅約 1 m，長さ 2 m の布を筒状にしてひだをよせ，スカート状に腰に巻くものである．インドネシアではロウ染めのバティックがサロンとして用いられており，民族固有の織りや染めの模様が特徴となっている（図 2.5）．

2) サリー　サリーは，インドを中心とした地域のヒンズー教徒の女性が主として着装しているもので，幅 1 m，長さ 4～11 m の布を体に巻きつける．着装法は地域によって異なるが，およそ前中心にプリーツをとってスカート状に腰に巻き，残りは前から左肩をおおって後に下げる．素材は伝統的な木綿の縞や幾何学模様，動植物の模様などのプリントであるが，絞り染めもみられる．盛装には絹地に金糸の刺繍が施されたものなどが用いられる．サリーの下には，短いブラウスのチョリとペチコートをつける（図 2.6）．

3) キラ　ブータンの女性服であるキラは，サリーとは異なる着装をする巻き衣である．長袖の上衣の上に細かい幾何学模様が施された厚地の織物を巻くのである．それは 3 枚の布をはぎあわせた幅 1.4 m，長さ 2.5 m の布であり，横に胸から足首まで垂らし，長辺を左後ろから前左脇まで巻き，折り返して前右脇までおおって再び折り返して後ろ右脇に

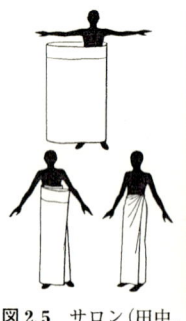
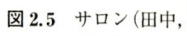

図 2.5　サロン（田中，1985）

図 2.6　サリー

もっていく．これで前三重，後ろ二重に布が巻かれ，上端を肩の部分で2カ所ブローチでとめ，ウェストの位置で丈の調節をして模様織りの帯をする（図2.7）．

このような着装は，高地の気候にふさわしい保温効果のあるものである．

4）チ マ　韓国の民族服であるチマは，1枚の布ではないが巻きスカート状であり，胸高に着装される．上半身には上着丈の短いチョゴリを着るが，チマのゆったりした着こなしは優雅な感じを与えている．チョゴリとチマには原色が好まれ，さまざまな配色がなされている．

b. 頭を通す形

布の中央に穴をあけて頭を通す形である．布を横に2枚はぎ，頭を通す部分を残しており，原始的な衣服形態として各地に存在していた．縦糸の一端を腰にくくりつけて織る地機の布幅が狭いため，このような用い方になった．

1）ポンチョ　ポンチョは，南米アンデス山地のインディオが着用していた衣服で，本来は麻とリャマの毛で織られた厚地の外衣であるが，アルパカや羊毛などでも織られるようになった．鮮やかな色彩の縞模様に特徴があるが，現地の伝統的なナスカ文化やインカ文化の模様も取り入れられている（図2.8）．今日では，ポンチョはひとつの衣服形式として防寒衣の中に応用されており，身近に感じられるものである．

2）ケチケミトル　メキシコのインディオの女性が着装しているケチケミトルは，ポンチョ形式の衣服である．長方形の布を横2つ折にして正方形とし，輪にした辺と隣り合わせの辺を，首開きの部分を残して縫い，輪の上部にも開きをつくって先端の三角形の部分を折り返して着装する．

また，ポンチョ形式で両脇が縫われているウィーピルは，メキシコやグアテマラで用いられている女性の衣服である．縦の首開きのある2枚はぎの形と，中央に横の首開きのついた3枚はぎの形がある．

いずれも白木綿地にさまざまな色で幾何学模様や動物模様を織り出している．

ケチケミトルはポンチョのように

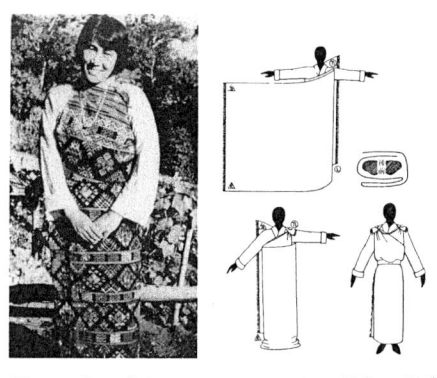

図2.7　キラ（バーソロミュー，1985；田中，1985）

衣服の上に重ねて着るが，ウィーピルは長いブラウスのように着られて，下にはスカートをはく（図2.9）．

c. まとう形

体をゆったりと包むように着る衣服もまた，いくつかの民族にみられるものである．これは，直線的で平面的な裁断がなされている場合が多いが，中には曲線部をもつ形もみられる．

1) 和服　日本の和服は襟を斜めに打ち合わせ，帯で閉じて着る形である．細い幅の布を直線的に裁断して縫い合わせ，全身着として着装する．盛装には絹が用いられるが，洗える着物として化学繊維のものもみられるようになった．現在では，和服は冠婚葬祭などの儀礼的な装いとしてのみ着装され，日常着にはほとんど用いられなくなっている．しかし，夏には木綿地の浴衣が趣味的な装いとして再び着られるようになった．

2) カフタン，ゴ　カフタンは西アジアや中央アジアに分布する筒袖で前の開いた全身着であり，帯を用いずに羽織るように着装する．この形は，東洋的な印象を与えるものとして，近世ヨーロッパではガウンとして用いられ流行した．トルコではカフタン型の衣服は伝統的な行事のときにのみ用いられるようになっているが，中央アジアでは寒暖差のある内陸的な気候から身体を守るために，外

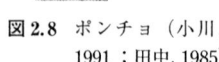

図2.8　ポンチョ（小川，1991；田中，1985）

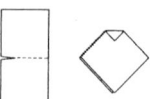

図2.9　ケチケミトル（左），ウィーピル（右）（小川，1991；稲村，1983）

衣として用いられている．

　ブータンの男性は，ゴとよばれるカフタン型の衣服を着用している．その着方は日本の和服とよく似た形式であり，前を打ち合わせて，膝丈にたくしあげた内側に帯をして，懐の部分が物入れの機能をもっている（図2.10）．

　チベットや中国の高地に住む民族にも，袖なしの和服型の衣服を重ね着として用いている例がみられる．

d. はく形

　下半身にはく形は，シャツ型の上衣との組み合わせで用いられる．

　シャルワールは，トルコ，イランなどの地方で用いられていたゆったりとしたズボンである．おおきなものは，腰回りが2～3mにもなるが，布を直線的にはぎあわせてつくり，足首の出る部分を開けただけで，広い幅のウェストを締めて着る．やがて股の部分を斜めにカットした形も出てきた．

　ピジャマはシャルワールの系統のゆったりしたズボンでインドやペルシャで用いられていた．シャルワールより細身で，股下が曲線的に細くなり，今日のズボンに近い形となった．現在のパジャマは，ここから派生して上下揃いの寝間着として用いられるようになったものである（図2.11）．

図2.10　ゴ（小川, 1991）

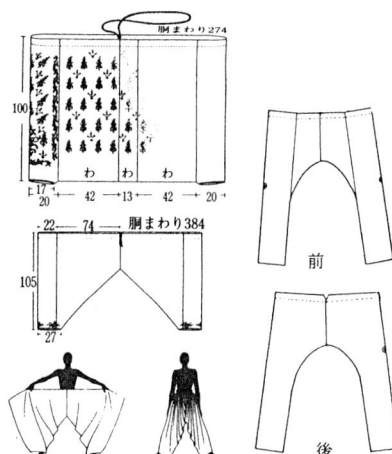

図2.11　シャルワール（左, 中），ピジャマ（右）（小川, 1991；佐々井, 2000）

2.3 食文化の分布

　人類が他の動物と異なっているところは，火を扱えたことである．火を使い，食物を加熱することにより，穀類は糊化して消化吸収しやすくなり，肉類は香ばしく風味を増し，安全性も高まった．英語の cooking，仏語の cuisine という言葉は，ラテン語の coquere から派生したもので，加熱を意味する．調理（調はこしらえ，整える．理はおさめるの意）は，食品素材に切断・粉砕・浸漬（物理的操作）や調味・加熱（化学的操作）を行い，料理（分量を計りおさめるの意）に仕上げることをいう．

a. 主　　食

　「地球上の人類は，何を食べてきたか」ということを考えると，大きく分けて植物性のものを中心に食事をしてきた農耕民族と，動物の肉や乳および乳加工品を主な食糧としてきた遊牧民族や狩猟民族に大別できる．その土地が農耕に適していれば，植物を栽培することにより，移動しなくても食糧を確保することができる定住型となるが，砂漠やサバンナ，ツンドラなど植物栽培に適さない地域は，野生動物を捕獲し，または，家畜を飼い，乳からチーズやヨーグルトをつくり，鶏などの卵を食糧とすることになる．人間の価値観（宗教など）による食物選択を除くと，食生活は地域，気候による影響が大きい．四大文明は，気候があたたかく，大きな河川による肥沃な大地に恵まれたところに発祥していることも食生活と大きく関係している．

　農耕民族の中でも，主穀について考えると，高温多湿を好む稲はアジアを中心に分布し，低温で適度な降水量を必要とする小麦はヨーロッパやカナダに，大麦はチベット文化圏に，ライ麦やオート麦はヨーロッパ北部に分布する重要な作物である．トウモロコシはアメリカ中部，イモ（タロ，ヤム）は太平洋の島々など，その植物の適性により主に食べる主穀が異なる．農耕民族は，主穀を主食とするため，穀類のみではタンパク質が不足しがちである．日本人は，米を主食とする民族で，肉食は禁止であったが，海に囲まれ魚食ができたことと，大豆をさまざまに加工することによりタンパク源を確保してきた．ヨーロッパでは，小麦からパンをつくり，パンを食べるが，中心となる食事はヨーロッパの場合肉であるので，主食という考え方はしない（図 2.12）．

2.3 食文化の分布　　　13

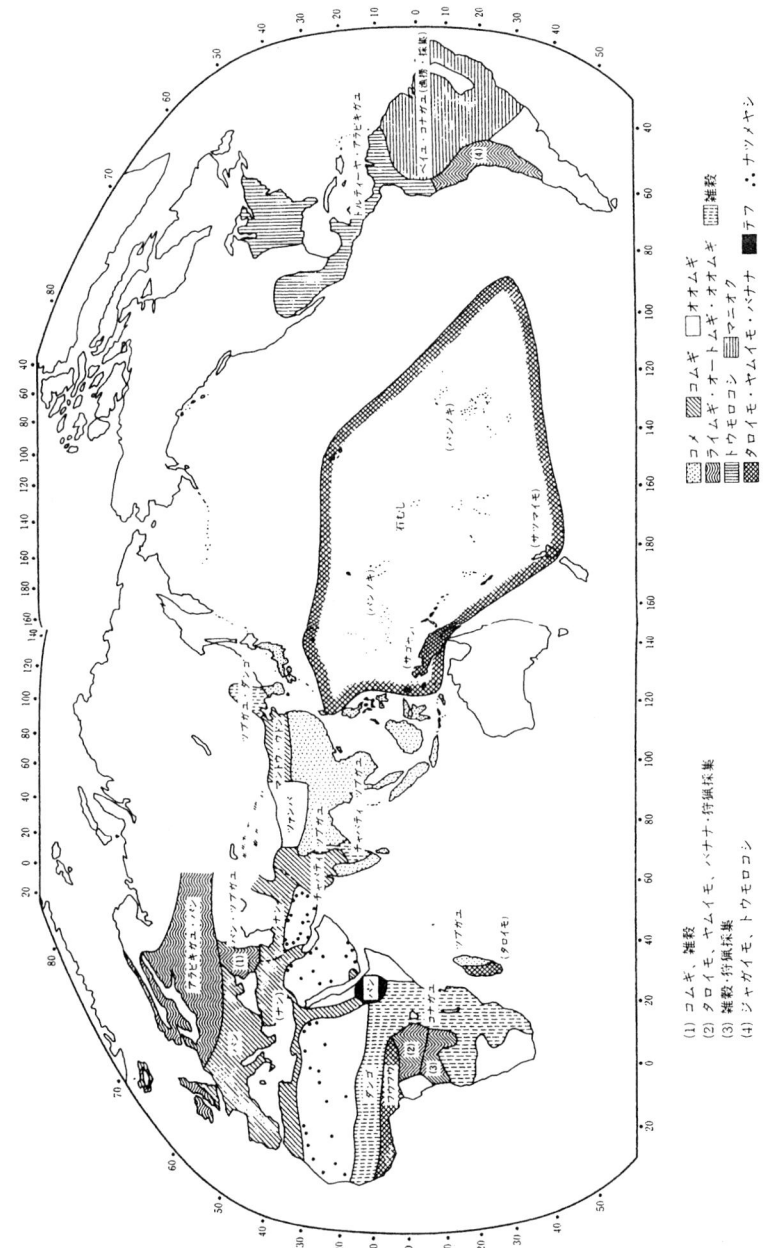

図 2.12　伝統的主作物とその食べ方 (石毛編, 1973)

一方，遊牧民族，狩猟民族は，気候により住みやすい土地へ，また，動物を追って移動する．モンゴルのタタール人は，肉を生食する文化を朝鮮半島にユッケとして，また，ヨーロッパのドイツにタルタルステーキとして残しており，その広大な行動範囲がうかがわれる．肉を主に食する民族にとって栄養学的に不足しがちなのは，ビタミン，ミネラルなどである．そこで，食べやすい筋肉の部分よりも，内臓が貴重な栄養源となる．日本人は，明治以降，肉を食べるようになったが，内臓料理は少ない．ここが元来，肉食文化であった民族との違いと考えられる．

b. 香辛料

香辛料には，スパイス（spice）とよばれる乾燥香辛料とハーブ（herb）とよばれる生鮮性香辛料の2種がある．スパイスは，こしょう，ナツメグ，オールスパイス，ベーリーフ，シナモン，クローブ，さんしょう，ハッカク，とうがらしなど植物の種子，果実，花，樹皮，根，葉などの乾燥したもので，食欲増進，防腐，矯臭（きょうしゅう）（マスキング）効果を目的とし，使用される．東南アジアやインドネシア原産のものが多かったため，それを求めて，ヨーロッパからスパイス獲得のための植民地抗争が大航海時代におこった．

一方，ハーブは，主として地中海沿岸に自生していた香草で，ローズマリー，タイム，マジョラム，オレガノ，ミントなどの葉や茎を用いる．東南アジアでは，コリアンダー，レモングラス，バイマックルーなどを使用し，スパイスと同様の目的で使用される．近年，食品の3次機能で着目されている抗酸化効果も期待され，これらを用いる地中海料理やアジアの料理に人気が出ている（15.3節参照）．

c. 四大文明と料理

現代は交通網の発達から世界中の食材または料理が手に入るが，各国の料理はその国の歴史との関係が深い．そこで，文明発祥地の料理の特徴を述べる．

1) 中国料理圏　医食同源の思想により，食を大切に考える．肉は豚肉が多く，乳の利用が少ない．大豆の醱酵調味料を用いる．さまざまな植物性，動物性の油脂を用い，加熱方法が微妙に違うさまざまな加熱法がある．また，保存食品，とくに乾物の利用にたけている．現在4つの地方料理があるが，シルクロードから西洋の技法（ホワイトソースやパイなど）も入り，バラエティに富んだ食材，香辛料，調味料，調理法をもつ．この料理圏を中心に，アジアは醱酵調味料を中心としたうま味を味の基本とする文化をもつ（味噌，醤油，醤，ニョクマム，ナ

図 2.13　中国の宴席料理

ンプラーなど)．また，箸を用いる．

2) インド料理圏　カリーとはタミール語で汁の意．そのさまざまな汁（ソース）を，インディカ米を湯だきしたパサパサのご飯や小麦粉からつくったナン，チャパティと食す．多くの香辛料を用いるが，特徴はウコン（ターメリック）である．油脂はギー（バターオイル）が主．ヒンズー教により，牛，豚は食べない．羊，鶏をよく用いる．米，小麦，雑穀を食し，豆もよく食べる．パンチという飲み物は，サンスクリットのパンチャ＝5の意味で，5種の材料を混合する意味をもつが，インド料理は，全体的に甘味，酸味，塩味，辛味（香辛料）のバランスを重視し，味の深みをもつ．カリーも甘味，塩味，酸味，辛味，香りのバランスを保つため，果物やチャツネなどを加えて，味を調節する．また，食事は手食である．

3) ヨーロッパ料理圏　野生の動物，鳥，家禽類などさまざまな肉を食する．乳製品のバター，生クリーム，チーズなどの，乳脂肪からの油脂を多く用い，味つけは，塩，こしょうを基調とする．肉の臭み消しや保存のためさまざまな香辛料を用いる．食事はワインとともに食し，ハム・ソーセージなどの肉加工品が発達している．パンやパスタを食し，ナイフ，フォークを用いる．キリスト教では，パンはキリストの肉，ワインはキリストの血といわれる．

4) ペルシャ・アラブ料理圏　ペルシャに始まり，アラブ，トルコ料理が重なる東西の文化の交流点である．羊の肉をよく用い（ケバブ，ムサカなど），ピラフの種類が多い．また，スパイスを効かせたものも特徴である．イスラム教の戒律が厳しく酒は禁止，豚も食べないが，パンを食し，宗教的制約を除けば南ヨーロッパ（ギリシャ）に近い食生活である．

3. 貴族の生活 1 [平安時代]

3.1 寝殿造りに住まう

a. 寝殿造りの構成

平安時代の貴族の住まいを寝殿造りという．正殿（寝殿）や数棟の付属棟，庭園などが広い敷地内に営まれた様子を，絵巻物や文献，数少ない遺構の発掘例から知ることができる．

平安京は背面と両脇の三方を山に囲まれ，前方（南）に開いた土地であり，鴨川と桂川にも恵まれている．ここに中国にならった碁盤の目状の条坊制を敷いた都が造営され，北中央部の内裏を中心に貴族の文化が栄えた．

寝殿造りの敷地は1町（約120 m）四方を占めるほどの大規模なものもあった．藤原氏歴代の住まいである東三条殿は1町の半分の規模であるが，その復元平面図（図3.1）をみると，複数の棟が廊下でつながる配置や南庭に池がある様子がわかる．

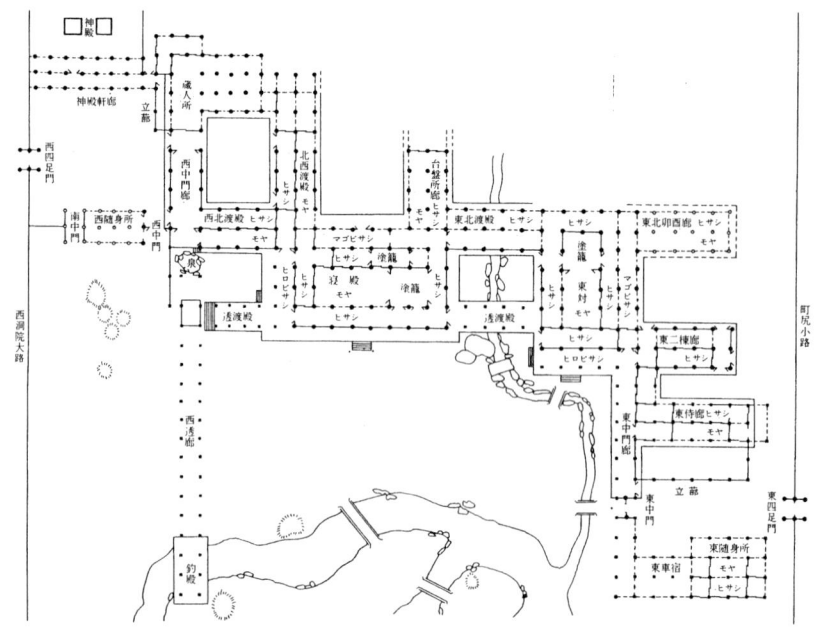

図3.1 東三条殿復元平面図（太田静六復元）

3.1 寝殿造りに住まう

京都は北東から南西にかけてなだらかに下っているため，敷地内の庭園に流れる遣水も北東から流れ込み，渡殿や透渡殿の下をくぐり南庭の池に注ぎ，南西部の池尻から敷地外へ流れ出る．池は人工のものであり，池を掘った土を盛って中島をつくったり，南側に築山を設ける例もある．

東三条殿では池の上に釣殿を設けており，また，寝殿の西側には泉も湧いている．このような池には龍頭鷁首の船を浮かべて遊びに興じたというが，広い敷地の南半分ほどが池庭である優雅な邸内の様子がわかる．なお，寝殿造りの庭園の様子は，同時代の浄土宗寺院の庭園からもしのばれる．ここでは，奥州平泉毛越寺の浄土式庭園の復元された様子(図 3.2)から，池や遣水の様子を想像したい．

東三条殿には東西の門があるが，とくに東側の門が重要である．この内側に東随身所，東車宿，東侍廊などがあり，牛車を降りた貴人はここで随身を待たせ，東中門から南庭に進み，南階を上がって寝殿南側の庇に至った．

南庭は広く，闘鶏や年中行事が行われる場合には，幄舎（仮設テント）を建て，楽人らの場とした．貴人たちはこれらの催しを正殿や正殿の庇，南庭を囲うようにある東西の透渡殿，中門廊や透廊から鑑賞したと推測される．

この南庭に面する中央が正殿（寝殿）であり，平側 6 間×妻側 2 間の身舎に，東西南北 4 面の庇がつく．また北側には孫庇がつき，南側よりも 1 列分広い様子がわかる．寝殿の東に東対がみえるが，これも同様なつくりである．屋根は

図 3.2 平泉毛越寺浄土式庭園
左：池に浮かぶ龍頭鷁首の船，右：遣水．

檜皮葺であったと考えられている．

　このように，寝殿造りの建物は矩形の身舎の周囲に必要なだけ庇がつくものであり，これらを渡殿などの廊下で結んで構成している．寝殿の南側は主が公務を行う公の場であり，北側は家人のいる場所や日常生活の場であった．また当時は招婿婚であったため，多くの場合，東対や西対は娘とその婿の住まいである．北対は妻の空間であり，これをして妻を「奥」あるいは「北の方」とよぶ．

b. 寝殿造りのしつらい

　寝殿造りの内部の様子は，絵巻物の描写や日記・物語などから知れるが，図3.3，3.4は関白藤原忠実が1115（永久3）年に東三条殿に移ったときのものであり，寝殿造りのしつらい（室礼，舗設と表記し，いずれもしつらいと読む）を知る上で重要な資料である．

　寝殿造りでは，柱と柱の間が多くの場合吹放ちであり，風通しがよい．寝殿と渡廊の間の要所には両外開きの妻戸があるが，通常は軒裏に吊り上げる形の格子状の蔀戸程度の建具しかない．内と外を隔てるのはこの蔀戸と，長押から吊られた御簾，T字型の骨組みに布を垂らした几帳など簡易なもののみであった．

　寝殿の身舎や北庇には塗籠という壁と妻戸に囲まれた部屋があるが，これはプライバシーを確保し寒さから身を守る場所であり，寝室や納戸として用いられた．しかしその壁は長押までの高さしかなく，天井は張られず，屋根の小屋組や屋根裏が見え，寝殿内のほかの部分と空間がつながっているため，大変開放的な住まいであった．

　床は板敷きであり，貴人が座る場所に応じて置畳を配する．身分に応じて畳縁を豪華にし，畳の上に薄い座布団状の茵を敷いた．座具にはほかにも藁を丸く

図3.3　寝殿の装束（東京国立博物館）『類聚雑要抄』，桂宮本．

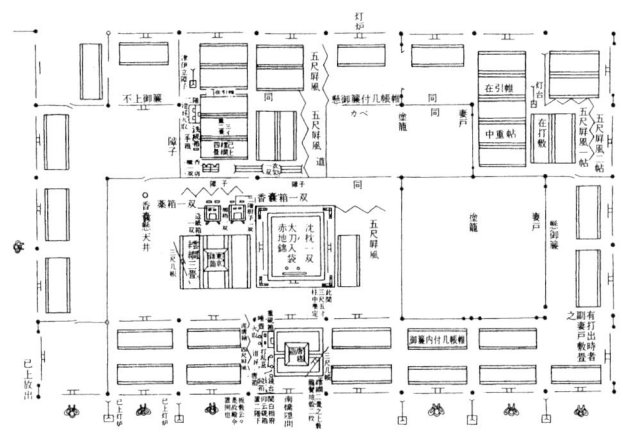

図 3.4 寝殿の装束
『類聚雑要抄』，群書類従本．

編んだ円座や筵が用いられた．この絵にはないが倚子（椅子）もあり，腰掛けての生活もあったという．

図 3.3 には，天井のある御帳がみえるが，これは寝台である．塗籠の中や，夏期には図のように身舎にも設営された．木のフレームに布を垂らし，四方に几帳を置いて目隠しとし，中は一段高い床を組みその上に畳 2 枚を並べ敷き，天井に明障子を乗せた簡単なものである．寝台とはいえ個室とよぶにはほど遠く，目隠し程度のしつらいである．

室内の間仕切りは屏風や衝立，几帳などの移動式の簡略なものであり，儀式や行事に応じて置畳同様にしつらいを変えて用いられた．照明器具は灯台や軒から吊る灯炉であり，図にも南の庇に等間隔に置かれ，吊られている様子がみえる．屋内には香炉が吊られ，香りによる空間の演出もなされたことが知れる．

また，図 3.3 には 2 段になった箱状のものがみえるが，これは二階棚や二階厨子などの収納家具であり，身のまわりのものをしまい，上に香炉などを飾った．机状の台盤もあるが，いずれも持ち運び可能な調度品として存在し，建物に造り付けた家具ではなく，儀式や生活によって配置を変えられるものであった．

以上のように，寝殿造りでの生活では，大屋根の下の広いワンルームのような空間に壁や戸で簡単な仕切りをし，または可動間仕切りで生活に応じてレイアウトを変え，持ち運び可能な調度品や座具を並べなおして，儀式や生活の場のしつらいをそのたびごとに調えていたことがわかる．

3.2 束帯と襲色目

a. 現代に残る平安装束

現代の私たちの生活の中では，平安時代の貴族の服装を目にすることはほとんどない．その姿は百人一首の絵札や雛人形などでうかがい知ることができるが，今でも実際に着用されている例としては，皇室の婚礼の儀などがあげられる（図3.5）．皇太子殿下の婚礼の儀では，皇太子殿下は黄丹の袍を，雅子妃殿下は青の唐衣，花橘の五衣を着用されていた．黄丹・青・花橘とは色の名称で，袍・唐衣・五衣とは衣服の名称である．平安時代の当時の姿と現代の姿とは，やや趣が異なっていたと考えられるが，それらの名称について当時の服飾をもとに次に説明する．

b. 男性の装束

1） 束帯 まず男性は，儀式の際などには束帯を身につけていた．これは冠・袍といわれる上着・表袴などから構成されている装束である．袍は位によって色が定められており，天皇は白や黄櫨染，皇太子は黄丹，4位以上の貴族は黒，5位は緋，6位は縹であった．また袍の下に下襲という内衣を着ているが，裾とよばれた後裾だけを長くひき，袍の裾から出して着装していた．この長さも位によって定められており，位が高いほど長いとされている．儀式の際にはこの裾を高欄にかけ装飾的な要素もかねていたと考えられる．また源氏物語絵巻には薄物の裾を高欄にかけ笛を吹いている公達の姿が描かれている（図3.6）．

図3.5 御儀服の両殿下（宮内庁）

図3.6 薄物の裾（『源氏物語絵巻』鈴虫二，五島美術館蔵）

儀式などのない通常の参内には衣冠(いかん)を着用する．これは束帯の表袴を指貫(さしぬき)にかえ，下襲を省略した装束である．指貫はゆったりとした袴で，足首のところで裾口を紐でくくって着用するものである．

2) 直衣(のうし)　私的な場所では直衣を用いていた．直衣は束帯の袍と同じ形の上着であるが，袍が位によって色が定められているのに対して直衣は定めがなく，色が自由に楽しめることから，表地と裏地の色の組み合わせによって後述する襲(かさね)の色の対象ともなった．また，直衣の下に袙(あこめ)という内衣を着るが，その袙の裾を長くして直衣の裾からのぞかせたり，指貫の中に着込めて指貫の裾口からのぞかせたりする，出衣(いだしぎぬ)という装飾法も楽しまれた．直衣も組み合わせる衣服によって冠直衣(えほしのうし)や烏帽子直衣(のうしほうこ)，直衣布袴などとよばれることになる．最もくだけた場合は，烏帽子・直衣・指貫で構成される烏帽子直衣を着用する．烏帽子は冠にかわる被り物で，縦長の袋状の布に漆を塗ってつくられたものであり，この時代には髷(まげ)を見せることは恥ずかしいこととされていたため，就寝時でも日常的に用いられていたと考えられる．直衣を着用するが，烏帽子を冠に被りかえややあらたまった姿を冠直衣とよび，直衣で参内することを許された身分の者が参内の際などに着用した（図3.7）．

c. 女性の装束

女性は女房装束を身につけていた．その構成から五衣唐衣裳(いつつぎぬからきぬも)とも称され，十二単とよばれるようになったのは近世に入ってからである（図3.8）．まず袿(うちき)とよばれる内衣を何枚か重ねて着装するが，平安時代末頃から5枚と定められたた

図3.7　冠直衣（『紫式部日記絵巻』一，五島美術館蔵）

図3.8　女房装束（『紫式部日記絵巻』三，五島美術館蔵）

め，五衣と称している．そして，その上に表着，唐衣，裳を着装する．唐衣は丈の短い上衣で，襟を外側に折り返して着用する．裳は後腰から長く裾をひいた形のもので，小腰とよばれる紐で結びつけて着装する．多くは薄物を用いてつくられ，その他の衣服が織りで文様を表しているのに対し，裳は水辺に鳥や松をあしらった海賦文様などを，地摺りや描き絵といった染めで表すことが多い．五衣唐衣裳を構成する衣服をすべて着装した状態では，唐衣と裳の文様が全面に現れ，袖口や襟元に着重ねた袿が見えることとなる．したがって，唐衣と裳は表面に文様を表し，袿は色の組み合わせを楽しんだのではないかと考えられている．

　普段の略装としては，唐衣と裳を省略し袿だけを着用することが多かった．平安時代末期以降からは，袿の上に小袿とよばれるやや小さくつくられた袿を重ねて着用するようになり，さらに裳を着装することであらたまった場でも用いられ始め，徐々に正装として扱われるようになっていく．

d. 襲色目

1) 季節感の表現　男性の装束では直衣の表地と裏地の色の組み合わせなど，女性の装束では唐衣，表着の裏地と表地の色の組み合わせや，着重ねた袿の色の組み合わせなどで，襲色目は楽しまれてきた．前述した雅子妃殿下の唐衣の青とは表青裏青の青襲で，五衣の花橘とは上から濃山吹，山吹，白，青，薄青の花橘襲のことである．このようにそれぞれの色の組み合わせには名前がつけられ，青，紅のように色そのものの名前がつけられているものもあるが，多くは梅や桜など草花や自然の情景を表現したものとなっている．そのいくつかを表3.1にあげる．桜は表白裏二藍の組み合わせであり，実際の花の色から名前がつけられるだけではなく，そのイメージをも表していることがわかる．また，表白裏青の組み合わせは，春は柳，夏は卯花，秋は白菊，冬は松雪と季節によってよび名がかわり，名称が単に色の組み合わせを伝えるものだけでなく，その襲を用いることによって季節感を表現しようとしたものであることがわかる．

2) 文学作品から　次に，実際に着装されていた様子を文学作品からみてみよう．季節感を表した例として『枕草子』の一節をあげる．

　高欄のもとにあをき瓶のおほきなるをすへて，桜のいみじうおもしろき，枝の五尺ばかりなるを，いと多くさしたれば，高欄の外まで咲きこぼれたるひるつかた，大納言殿，桜の直衣のすこしなよらかなるに，こきむらさきの固紋の指貫，しろき御衣ども，うへにはこき綾のいとあざやかなるをいだして（20段）

3.2 束帯と襲色目

表 3.1 襲色目

	春				夏				秋				冬				雑		
色目	梅重	桜	柳	花山吹	藤	卯花	花橘	杜若	萩	女郎花	白菊	紅葉	松雪	枯野	椿	鳥子重	松重	蘇芳	青木賊
表	濃紅	白	朽葉		薄紫	白	黄	二藍	紫(蘇芳)	黄	白	紅(赤色)	白(薄香)	黄	蘇芳	白	萌木	蘇芳	薄青
裏	紅梅	二藍(紫)	青	青(黄,紅)	青	青	萌黄	青	薄紫(青)	青	青(蘇芳)	濃蘇芳(濃赤色)	青	青	赤	蘇芳	紫(蘇芳)	蘇芳	白

	春	夏	秋〜冬	春夏秋冬の色	
色目	柳	菖蒲	紅紅葉	松重	紅の薄様
5枚重ね	一 二 三 四 五 単	一 二 三 四 五 単	一 二 三 四 五 単	一 二 三 四 五　単	一 二 三 四 五 単
表	白　　　　　紅	青濃 青淡 白 紅梅濃 紅梅淡 白	紅 山吹 黄 青 青 紅濃淡	蘇芳 蘇芳濃淡 萌木 萌木 萌木　下へ淡く　紅匂	紅 紅 紅 白 白 白匂
裏	薄青(または下へ濃く)				

*単は5枚重ねの下に着る衣.『雅亮装束抄』より抜粋.

青い瓶に盛りの桜を溢れるほど挿してあるところへ，藤原伊周(これちか)が桜襲の直衣に出衣をした姿で現れた場面だが，春を迎えた喜びを桜襲を用いることによって表現しているのである．また「すさまじきもの，昼ほゆる犬，春の網代，三四月の紅梅の衣（25段）」という一節があるが，紅梅には春の訪れを知らせる花というイメージがあり，それを春の終わりごろに着用するのはイメージと合わず，みっともないことであると清少納言はいっている．

このように，いつどのような場面で，どの襲を用いて装うかは当時の貴族にとって大きな関心事であり，季節感をどのように表現するかを，襲という色の組み合わせを用いて楽しんでいたのである．

3.3 大　　饗

a. 貴族食の形式化

平安時代には，極度に豊かな生活を営む貴族と，反対に貧しい生活を余儀なくされた庶民との格差が，それまでにも増して顕著となった．貴族にとって長い泰平のときが続いたことと，遣唐使の停止で国際的に孤立したことによって，貴族の生活・文化は固定形式化し，前時代に輸入された大陸文化の諸要素を和風化していった．食文化もまた，この時代の性格の影響を強く受けた．

貴族が先例を重んじて形式化した生活をするようになると，食事習慣の上にもそれが現れて，1つの規定ができてしまった．食膳には，栄養や味覚と関係なく，ただ先例のままに食品を並べるだけとなった．品種や量，盛り合わせの美については工夫したが，調味や加工の点は考えられず，料理は目で見るものという性格が増した．日本料理の目で見て食す性格は，こうして貴族の生活の中から芽生え，とくにハレの料理は，その様相を強くおびた．そして，貴族の生活の奢侈化は，ハレの料理を通常化し，貴族の食膳をますます形式化した．

b. 大　　饗

大饗（だいきょう）料理は，貴族社会における年中行事や大臣に就任した際の祝賀会などに用意された．貴族食が形式化し，大饗の献立が豪華をきわめるようになったことは，当時の各種文献や絵図によってうかがうことができる．その一例として『類聚雑要抄（るいじゅうざつようしょう）』にある内大臣藤原頼長大饗の折の献立をみてみる．

　　　酒六献
　　　菓子八種　餅（もちい）　伏菟（ふと）　鉤（まがり）　大柑子　小柑子　橘　栗　串柿
　　　干物八種　蒸鮑（あわび）　干鳥　楚割并鯛（すやり）　鱸（すずき）　蛙　焼蛸（たこ）　大海老（えび）
　　　生物八種　鯉　鮨鮎并煮塩鮎（すしあゆ）　雉（きじ）　鱒　鱸　鯛　蛸
　　　　　　　（窪杯物四杯　老海鼠（ほや）　海月（くらげ）　蟹蜷（かみや）　細螺（したдми））
　　　四種　酢　塩　酒　醤
　　　樽一口　入酒．有白木台．（以下略）（白木台にのった酒樽）
　　　飯器　尻付深草鉢．口径二尺七寸．飯二石三斗五升用之．（以下略）

大饗の際，上級の貴族は，椅子に腰かけ，台盤（だいばん）を前後から囲んで座る（図3.9）．下級の者は，地面に直接敷物を敷いて座る（図3.10）．下級の官人のことを地下（じげ）

図3.9　中宮大饗（『年中行事絵巻』）

図3.10　賭弓（『年中行事絵巻』）

とよび，上級の公家を殿上人(てんじょうびと)とよぶのは，まさに，こうした差をいっているのである．地下の官人たちは，台盤ではなく，1人1人のお膳，すなわち，銘々膳を前にしているが，これが一般の食事形態であった．お膳の上には，蒸した強飯(こわいい)を，高盛といって食器の上に高く盛り上げた．また，乾物，鱠(なます)，唐菓子，木菓子なども，やはり高く盛り上げた（図3.11）．盛り上げるのは品数の多さとともに丁重さを示すものであって，儀式や接待用のこうした食膳を盛饌(せいせん)とよぶ．食品数と量とは大饗になるほど多く，また身分の上下にも比例していて，正賓から陪席，家主になるにつれて少なくなっている．盛饌の形式は，貴族生活の奢侈化につれ

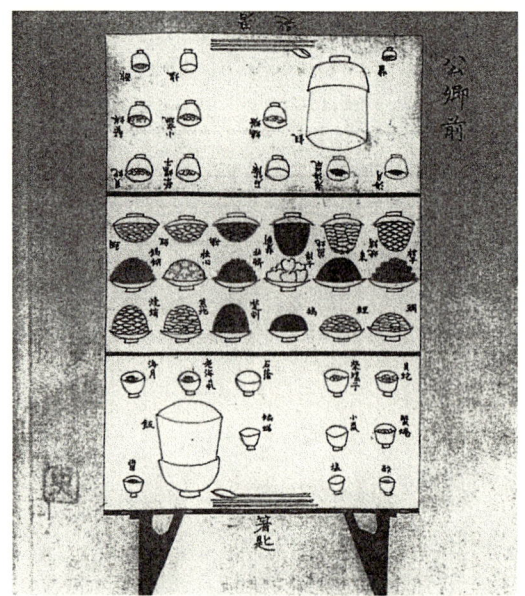

図 3.11　大饗図（『類聚雑要抄』）
このような食卓を台盤という．台盤に盛りつける配膳所を台盤所といい，現在の台所となった．また，その配膳は女官たちが行い，そのチーフという意味で，後に将軍の奥方を御台所（みだいどころ）とよぶようになった．

て日常の食膳にも及び，先の献立の中にあるような食品が毎日繰り返された．

その中で注目されるのは，鱠や焼き物を除いて副食物のほとんどが乾物であることで，しかもそれを調理しないで原料のまま出されている．乾物を削り物ともよんだように，雉の干肉や干鮑などの固い食品を，食膳の上で紐小刀で削り，椀に入れて湯を注ぎ，柔らかくなると調味料をつけて食べた．食品そのものの味つけは，食膳で各自が行うものであった．乾燥保存食品は，組織から水分を抜いてあるので，食べるときになって水分や熱を加えても，生鮮の状態には戻らない．また，新鮮な植物性食品も極端に少なかった．こうした形式的で味気ない食事が繰り返され，貴族食は，消化不良を起こしやすいだけでなく，ビタミン，カロリーの不足した質の低いものとなった．

c. 平安文化と食物

栄華を誇る貴族が時代の上層に立って文化の担い手となり，華麗優美な和風文化が展開されたことは，食文化の上にも反映した．古来の食習慣に加えて，日本

図 3.12 大饗の儀の御台盤（宮内庁三の丸尚蔵館編，1999）
1990（平成2）年11月12日に今上陛下の「即位の礼」が行われ，その後皇室行事として11月24〜25日に「大饗の儀」が行われた．これは，そのときの御台盤である．高盛されており，右手前には，4種の調味料が配されている．

料理の基本形式ができあがってきた．宮廷を中心として形式化した食文化は，後世の規範とはなったが，それは反自然的，非科学的なものを含んでいたため，貴族の健康に影響した．

　平安貴族の根底には「もののあはれ」の思想が流れていた．これは現世否定の思想であり，精神生活の退廃であった．また，当時の生活や思想を深く支配したものに仏教がある．貴族に深く浸透した浄土思想は，この汚れた現世を厭い（厭離穢土）一心に念仏を唱えることによって，死後は極楽浄土にいくことを求めよ（欣求浄土）と説いた．このような不健康な精神生活は，彼らの形式的で不合理な食生活と深く関係している．

　先例慣例の繰り返しで，食味を楽しむことを知らず，味気ない食事ばかり続けた彼らは，肉体的にも精神的にも弱まっていった．貴族が上辺は華やかながら不自然な食生活を営んだのに引き替え，地方庶民は，仏教信仰による肉食の禁忌の戒律も知らず，食品も自由であり，古代の延長として健康な食生活をおくっていた．庶民の食物は常に手近に得られるものを簡単に煮たり，焼いたり，汁物や酢漬，塩漬にするのが普通であった．そして，ついに，長く続いた貴族支配が，地方で健康な生活を営む庶民の中から出た武士の力強さに屈伏し，貴族の時代は終末を迎えることになったのである．

4. 武家の生活 ［室町・安土桃山時代］

4.1　座敷の発達――書院造りの形成

a. 書院造りの成立

　武家が台頭した鎌倉時代以降の上流階級の住まいの様子は絵巻物などから知れるが，寝殿造りの系統を踏襲しながらも屋敷全体の規模はしだいに縮小し，武家の時代に即したものになる．しかし新たに武士としての体面を保ち，上位の武家の来訪（御成）に供する空間も必要になり，連歌や茶会などの流行により，自らも嗜みまた客人をもてなすための空間としての会所がつくられた．

　この対面や会合のための空間とは別棟に，家族の生活の場は設けられ，接客空間と生活空間は分離された．寝殿造りでは寝殿の南部分に公の空間があり，北側と北庇を中心として私的な生活空間が展開したが，寝殿北側は時代が下るにつれて用途に応じた小部屋に仕切られ，部屋が細分化していった．

　建具もそれまでの蔀戸や外開きの妻戸に代わり，引違い形式の遣戸（舞良戸），明障子や襖障子が建込まれ，そのためにも柱は寝殿造りにみられた丸柱から，角柱へと変化をとげた．また，各部屋ごとに天井も張られ，床も小部屋では畳を敷きつめ，会所などの広い部屋では板敷きの上に部屋の周囲に沿って畳を敷き込む追回し敷きが行われた．さらに時代が下ると，畳が部屋全体に敷きつめられ，現代に通じる和室の体裁が調えられる．

　図4.1は『蒙古襲来絵詞』に描かれた中世の武家住宅であるが，部屋の周囲のみに畳が追回しで敷かれ，主らしき人物の背面には引違いの襖障子がみえる．図4.2の1351（観応2）年に描かれた『慕帰絵』には，畳が敷きつめられ襖障子がみえるほかにも壁に仏画の軸が下がり，その前に低く細長い机状の押板が置か

図4.1　中世の武家住宅（『蒙古襲来絵詞』写し・部分）

4.1 座敷の発達——書院造りの形成

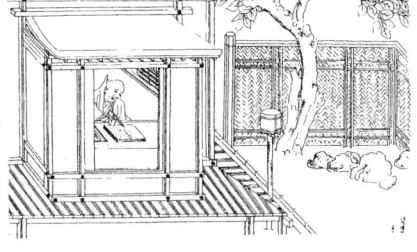

図 4.2 押板(『慕帰絵』写し・部分)　　**図 4.3** 付書院(『法然上人絵伝』写し・部分)

れ，この上に香炉，花瓶，燭台の三具足が並ぶ様子がみえる．これは後に床の間となる座敷飾りの初期の姿である．また図 4.3 は『法然上人絵伝』にみる付書院である．出窓状の出文机で外の光を得て僧が書きものをしている．

　以上のようなさまざまな要素がまとめられて書院造りが形成される．つまり，建物内部が用途に応じた部屋に分割されて畳が敷きつめられ，引違いの建具が用いられ，天井が張られ，さらに押板，床の間，違棚，付書院などで構成される座敷飾りが発達することをもって書院造りという．

b. 座敷飾りの発達

　会所や屋敷の奥の間においては，御成や接客のために唐渡りの珍しい文物を飾り，これを愛でるための空間が調えられた．また座敷における対面形式はしだいに定型化し，続き間の座敷には格に応じた飾りを施すようになる．

　図 4.4 は慈照寺銀閣の東求堂同仁斎であり，現存する最古の座敷飾りの例である．東求堂は足利義政の持仏堂として営まれ，同仁斎は会所や書斎として用いられた．4畳半の間に違棚と付書院がバランス良くシンプルに配されている．

　寝殿造りにおける移動家具としての棚や前出の押板が建物に造付けとなり，しだいに調えられていく嚆矢としても重要な例である．

　図 4.5，4.6 の光浄院は，桃山時代の寺院内の客殿の例である．上座の間に

図 4.4 慈照寺東求堂仁斎(吉田　靖撮影)

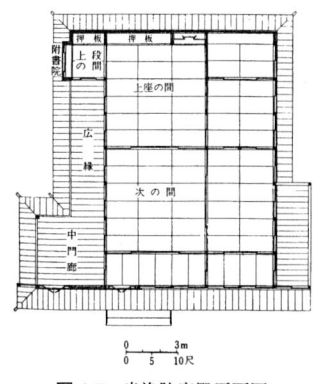

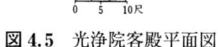

図 4.5 光浄院客殿平面図　　　　図 4.6 光浄院客殿上座の間

押板，違棚がみえ，右手には高い敷居と低めの長押の間に帳台構がある．帳台構は元来寝室であったが，この時代には貴重品を納める小部屋に変わっている．

また，正面左になお一段高い上段の間があり，平面図によると付書院と押板が設けられている．上座の間の手前の部屋は次の間であるが，このように座敷には床面の高低差や座敷飾りの格式の違いがあり，厳然とした格づけがなされている．訪問者と主の身分によって，どの座敷に誰が坐すのかが決められる封建社会ならではの空間構成である．

図 4.7 は江戸城本丸大広間の内部の断面図であるが，床面の高低差もさることながら，天井の造りも異なり，下段の格天井から中段の折上格天井，上段の二重折上格天井まで，明らかな差をつけている．

なお，これらの御殿では，壁や襖，天井が金碧濃彩の障壁画で彩られ，欄間にも透かし彫りの彫刻が施され，室内意匠の豪華絢爛さをきわめる．また二条城本丸や西本願寺の書院などでは，座敷の前庭に能舞台が設けられ，能を演じて接待をする様子もみえ，供応の演出も身分に応じた豪華さがあった．

c. 茶室と数寄屋造り

豪華さをきわめることを志向する反面，同時代の民家を模して侘び寂びを追求する志向もあり，これは草庵茶室や数寄屋造りへと展開する．茶の湯は能と並んで接待に欠かせない要素であった．

茶の湯は中世を通して禅宗の寺院や上流階級を中心に嗜まれ，室町後期には千利休が茶道を確立した．民家の素朴さを生かして利休が草庵茶室の粋を集め

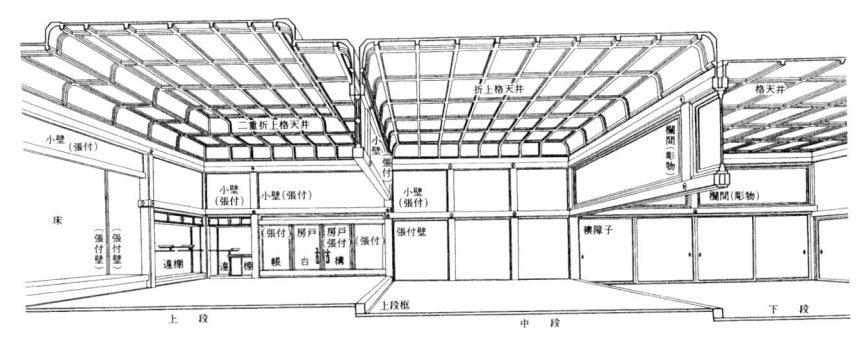

図 4.7 江戸城本丸大広間内部断面図（万延度造営）

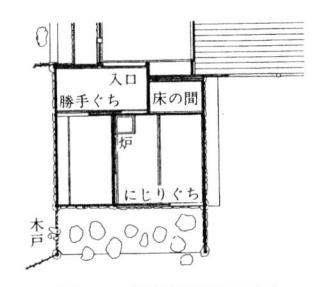

図 4.8 妙喜庵待庵平面図　　**図 4.9** 妙喜庵待庵（村沢文雄撮影）

完成させた例が図 4.8, 4.9 の妙喜庵待庵である．2畳という極小の空間ながら，主客が対すると狭さを感じさせないといわれる空間創出の妙であり，材料の扱い方である．荒い藁すさを混ぜた土壁や天井と三方の壁を塗り回した室床，窓の配し方などに，利休の好みと数寄の精神が現れている．

　書院造りにおいても，数寄の要素を取り入れることにより，先の豪華絢爛な書院とは異なる素朴で落ち着いた空間造りがなされた．桂離宮などがその例であるが，これは数寄屋風書院造り，または単に数寄屋造りとよばれ，現代の和風空間のデザインにつながるものである．

　また，これらの草庵茶室や数寄屋造りは周囲の外部空間の演出との相乗効果により評価される場合が多い．露地や庭園が周到に巧まれつつ建物のまわりに展開してこそ生かされる空間であるといえよう．

　文芸や歴史に通じた数寄者である屋敷の主と，親交のある茶人，庭師などが出会い，より研鑽された粋が建築空間や庭空間に創出され，結実された時代であったことがしのばれる．

4.2 武家服飾と古典芸能

a. 武家とは

「いざ鎌倉」という言葉がある．これは能の「鉢木(はちのき)」によるものである．上野の国の武士，佐野源左衛門常世は寒夜に訪れた旅の僧に，秘蔵の鉢植えの木を切り薪として火にたいてもてなした．そして「このように落ちぶれていようとも，もし鎌倉に変事があればいつでも鎧兜を身につけ馳せ参じる用意だけはしてある」と語った．後日，鎌倉から諸国の武士に招集がかかる．常世も痩せ馬に乗り駆けつけると，例の旅の僧は実は前執権（最明寺入道）北条時頼で，常世の言葉に偽りのなかったことと忠誠心を賞し，鉢の木にちなむ三箇荘を与える．このように鎌倉武士は戦う者としての自覚をもち，非常時に備え常に武器や鎧を整えていたのである．

武士とは，もともと地方の農村主体の身分から発した武芸をもっぱらとする者たちである．彼らはいくつかの大乱を経て力をつけ，鎌倉時代に入ると公家身分に対する武家身分という1つの階級を確立するようになる．

ここでは武家の戦時の装束と彼らの用いた代表的な平時の装束，さらにそのゆくえについてみていくことにしたい．

b. 鎧と鎧直垂

武士は戦闘を専業とする身分であったため，戦場で活躍し手柄を立てて名をあげることを何よりも重んじていた．したがって戦の場で着用する鎧は，武士にとっては身体防護のほか，自らの存在をアピールするためのものでもあったのである．鎧は札(さね)を緒(お)でつないで威(おどし)したもので，赤色の緒を用いたものを赤糸威(あかいとおどし)，紺色の緒を用いたものを紺糸威(こんいとおどし)という．そのほかさまざまな種類の威があり，武将はそれぞれの好みにより着用した．

また，鎧とともに着用するのが鎧直垂(よろいひたたれ)であった．これは戦陣にあって鎧の下に装うものであり，大将格のものは錦(にしき)，綾(あや)などの地質の華麗なものであった．『平家物語』に老武者，斎藤実盛が「故郷へは錦を着て帰る」という諺から，赤地の錦の直垂を着て討ち死にした話があり，能では「実盛(さねもり)」として有名である．これは，故郷での最期の戦に際して錦の直垂を着ることを願い出，また老武者と侮られないためにも白髪を黒く染めて戦い，討たれたという物語を脚色したもの

4.2 武家服飾と古典芸能

図4.10 武者装束（東京国立博物館）
『蒙古襲来絵詞』模本，原本鎌倉時代．

図4.11 直垂（東京国立博物館）
『蒙古襲来絵詞』模本，原本鎌倉時代．

である．このような質実さと猛々しさのもち主の武士たちは，戦場での一期のハレの装束として鎧や，その下には豪華な鎧直垂を用いていた（図4.10）．

今日，5月5日の端午の節句にみられる鎧飾りや武者人形は，このような武士の気概を映し出しながら男の子の武運長久，立身出世を願って飾られてきたものである．

c. 直垂，大紋，素襖

では戦時の服飾に対し，武家社会では平時においてはどのような装いがあったのであろうか．源頼朝により鎌倉幕府が開かれた後，承久の乱（1221年）を境に北条氏執権政治のもとで，幕府の権力が絶頂となる時期を迎える．その頃には衣服に関しても，後の江戸幕府にまで及ぶ武家独自の慣習ができあがってきた．

1） 直垂 武士が用いてきた衣服にはいくつかの種類があるが，中でも直垂は鎌倉時代に公服となり，江戸時代にまで及ぶ代表的な武家の服飾である（図4.11）．襟はすべて垂領仕立てで裾がないのが特徴で，胸元の左右につけた紐を結んで着用した．また，袖口には袖括の紐を通すかまたは，袂の先に露という飾り紐だけをつけた．直垂は庶民服から発生した格の高くない衣服であったが，やはり格の高くない武士身分の者にとっては前代以来，日常的に用いられてきたものであった．ところが鎌倉時代に至り政権を確立した武家は，自らの存在を誇示すべく，この直垂をことさら用いてみせた．それは『吾妻鏡』中の将軍出向の行列において将軍の左右を警護するという，最も武士らしく重要で晴れがましい

役割を果たす者が「直垂を着て剣を帯びる」姿であったことからもうかがうことができる．このような慣例が定型化し次代の室町期になると，まず直垂の地質は豪華なものとなり，格の高い礼装となっていった．

2) 大紋と素襖　室町時代以降，直垂の格が上昇したことに伴い，そこから派生したいわば布製の直垂である大紋（だいもん）と素襖（すおう）が登場した．大紋は大きな家紋を5カ所に染め出した布製の直垂で，胸紐と菊綴（ななひも・きくとじ）が丸紐であるのに対し，素襖は素袍とも書き，革の胸紐と菊綴をつけた．大紋よりも紋が若干小さいこともその特徴である．武家においては直垂が最高の礼装と化したため大紋の格が高まることとなり，順に素襖も大紋に次ぐ装束として広く用いられるようになっていった（図4.12）．

以上のように直垂・大紋・素襖は礼装としての形を整え，後の江戸時代に至るまで武士の公服としての地位を保ち続けた．そしてこれらは今日でも能や狂言の装束として用いられているのである．能における直垂は武将を表す衣裳として象徴的に使われており，『平家物語』を本説とする「安宅（あたか）」，「千手（せんじゅ）」，「盛久（もりひさ）」などで，高い役職にある武士の役が用いることになっている．また，素襖は「鉢木」の佐野源左衛門常世のような零落した武士や，武士の従者などの役柄を演じる際の装束ともなっている．そして狂言では武士の装束として素襖が用いられ，用法においては能と同様のものをランクの上の役に使っているが，文様を大きく大胆・奇抜に表すなど，能に対し変化をつけている．

このように直垂系の服飾は，鎌倉時代以来武者の世に生きる勇壮な武士の気骨や，彼らが形成してきた独特の文化の雰囲気を私たちに伝えてくれるのである．

d. 肩衣・袴と裃

直垂，大紋，素襖のような上着と袴が共布の衣服のことを，かねてより上下（かみしも）といっていた．ところが室町時代以降，安土桃山時代にかけてこれらの袖の部分を取り除いた形態の肩衣（かたぎぬ）があらわれ，肩衣・袴（はかま）として公式の服装となった．

やがてこの肩衣・袴の組み合わせのことを上下という名称でよぶようになり，江戸時代には形を整え，背と両前に家紋をつけた武士の礼装である裃（かみしも）へと変化していったのである．裃には長裃（なががみしも）（肩衣・長袴の組合せ）と半裃（はんがみしも）（肩衣・半袴の組合せ）とがあり，前者は身分の高い武士の礼服となった（図4.13）．後者は上級武士の通常の公服として用いられるとともに，身分の低い武士では礼装として着用した．そしてさらには，庶民にとっては冠婚葬祭の折の礼服ともなったので

図 4.12 大紋（東京国立博物館）
『犬追物図屏風』，江戸時代．

図 4.13 長裃（東京国立博物館）

ある．

　今日ではこの形式の衣服は，やはり狂言の装束として多く用いられている．主人の役が長裃で登場するのに対し，召使の太郎冠者が肩衣・半袴を用いるなど，扮装をわかりやすく様式化して示している．そしてまた江戸時代の庶民によって用いられたこの衣服の流れをくむものとして，文楽の太夫（浄瑠璃語り）と三味線（三味線弾き）の舞台での装束がある．

　以上のように武家服飾は，能，狂言，文楽という 3 つの古典芸能の世界で，現代でもその形を保ち続けているのである．

🍴 4.3 本膳料理と懐石料理

a. 本膳料理の様式

正式な日本料理として最初に完成された膳立てを，本膳料理という．本膳料理は，平安時代の宮中料理の形式が基礎となり，鎌倉時代に武家社会の質実剛健さや禅宗の影響で素朴で簡素なものとなったが，室町時代に入り，技巧的で華やかなものとなった．その後，部分的に削ぎ落とされて，江戸末期には一般にも行われるようになり，以来，冠婚葬祭などの儀式料理として，昭和初期までこの形式が続いた．今日，都市部の一般家庭ではほとんどみかけなくなったが，献立の基本は本膳の一汁三菜である．

本膳とは，図 4.14 にあるように，二の膳，三の膳に対して，正面に据える中央の膳のことである．本膳の右に，本膳より少し小型の二の膳，左に三の膳を据える．膳立ては，本膳のみの一汁三菜から二の膳を加えた二汁五菜，そして三の膳の加わった三汁七菜などあり，与の膳，五の膳と供応の格式に応じて膳の数が増す．

本膳につける汁を本汁といい，多くはみそ仕立て，二の膳につける汁を二の汁といい，多くはすまし汁仕立て，三の膳につける汁を三の汁といい，これをうしお仕立てなどにして，三種配合の妙を表している．本膳の鱠は，魚介類の生もの，酢の物が出される．坪は，深めの蓋つきの椀に煮物，蒸し物，寄せ物などを少量

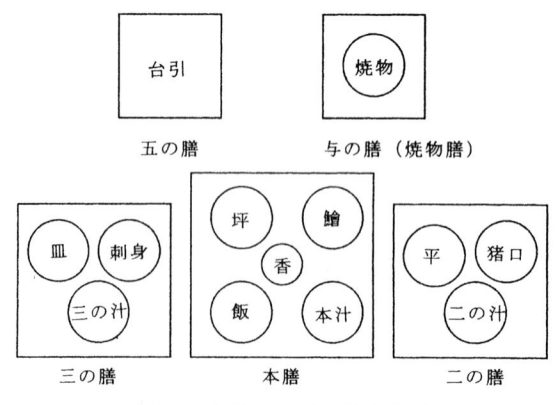

```
            ┌──────┐         ┌──────┐
            │ 台引 │         │(焼物)│
            └──────┘         └──────┘
            五の膳           与の膳（焼物膳）

  ┌──────────┐    ┌──────────────┐    ┌──────────┐
  │ 皿  刺身 │    │   坪    鱠   │    │ 平  猪口 │
  │          │    │      香      │    │          │
  │   三の汁 │    │   飯    本汁 │    │    二の汁│
  └──────────┘    └──────────────┘    └──────────┘
     三の膳              本膳              二の膳
```

図 4.14 本膳料理三汁七菜の配膳図

盛る．二の膳の平は，浅い漆器の名称で，平たい蓋つきの椀に魚介類，野菜，乾物などの煮物を数種盛る．猪口は，小ぶりの深めの器に和え物，浸し物を盛る．三の膳の皿は，刺身などが供され，前猪口につけ汁を入れて出す．また，たき合わせが盛られることもある．

　与の膳の焼き物は，正式に姿焼きが多く，慶事では鯛が用いられる．五の膳の台引きは，台にのせて供し客が引く台引物からきた名称で，祝肴や菓子などが多い．この与の膳と五の膳の料理は，箸をつけず持ち帰り用となることが多い．現在のように，ホテルで結婚式をしても，鯛の尾頭つきの焼き物を，ほかの引出物とともに持ち帰る風習として残っている．棟上げなどの祝いの席で，一汁三菜のみの本膳料理であっても，引出物を用意するのは，与の膳，五の膳に由来するのである．

　本膳の一汁三菜は鱠に刺身，坪に野菜の煮物，香の物にあえ物か酢の物を添え，これに焼き物や揚げ物の皿をつけると，最も簡単な客膳料理になる．引出物などを用意しない「食い切り」の場合にはこの形式がとられる．日常食の和洋折衷料理でも，この膳の構成に合わせて主菜，副菜を工夫すると，バランスのとれた食膳にすることができる．

　本膳料理の膳は高脚膳で，料理は最初からすべて並べられている．熱いものは

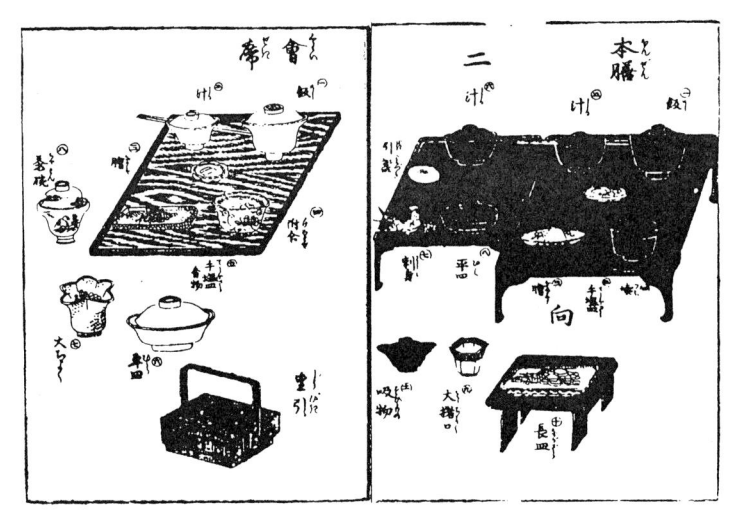

図4.15　江戸期の本膳と会席（『料理早指南』）
本膳（右）は足付き膳，会席（左）は折敷．

熱いままに供することができるように，飯を最初は三口程度一文字に盛りつけ，汁も少なめにして熱いものをお替わりするようになっている．

　供応料理としての本膳料理は，冷たい料理を多く並べることで豪華さをだした大饗料理に対して，調理技術の煮るという操作をも加え，その料理の食べごろにおいしく供するという画期的な様式であった．しかし，これもやがて形式化してくると，膳を多く出すことに力点がおかれていった．そこに茶の湯の流れから現れた懐石料理という様式が一石を投じることになったのである．

b. 懐石料理の様式

　鎌倉時代に臨済宗を伝えた栄西は，当時の中国（宋）よりわが国に抹茶をもたらした．喫茶の風習は僧侶たちから始まって，武家や貴族へ伝播していった．方法としては，礼茶式と茶寄合という2つの流れがあった．このうち礼茶式は武家の茶礼の形式へと発展し，茶寄合は茶の産地をあてる遊びとして広まっていった．一方，上流階級の茶礼は茶の点て方を形式化し，茶を点てる装具や部屋のしつらえなどを重視していき，華美になっていった．室町時代になると，茶を静かに飲むことで精神性を高めようという動きが出てきて，茶道の成立をみる．茶道は，村田珠光から武野紹鷗さらに弟子の千利休に引き継がれ，安土桃山時代を経て現在の茶道に発達した．室町文化の特質としての「わび」「さび」などの文化的思想と禅僧による茶の湯の様式が結びついておこったのが懐石料理である．

　懐石とは，禅宗の僧侶が温石を懐に入れて空腹をしのいだことに由来し，おしのぎ程度の軽い料理という意味である．茶の湯はもともと濃茶をいただくことが主眼であり，その前に適度の腹加減にして，お茶をおいしくいただくための，いわば腹ごしらえなのである．

　茶懐石の基本は一汁三菜（汁・向付・椀盛・焼き物）の食事に箸洗い八寸が加えられたものである．ほかの茶事では一汁二菜（汁・向付・椀盛）でもよい．現在行われている作法は各流儀によって多少異なるが，まず折敷に飯椀・汁椀・向付に利休箸を添えた物を客の前に運ぶ．客が飯と汁を交互に食べたあと，亭主は銚子と盃を持ってきて，酒を勧める．次に向付（お膳の中の向こう側にあるのが向付で，生魚を鱠仕立てにして出すことが多い），次に椀盛（椀だねの量を多く，汁をはった煮物）が出される．献立の中心となる煮物は，蓋をとると湯気とともに香りがのぼり，材料で季節感を出すように工夫されている．ここでまたお酒が出される．次に焼き物で，魚などの焼きたてが一皿に人数分だけ盛られ，客

はとり回す．ここまでがいわゆる一汁三菜である．さらに強肴(しいざかな)の鉢を回し，小吸物（箸洗）のあと八寸（幅八寸の白木の縁のある角盆に，植物性・動物性のものおのおの1品ずつを亭主も含め人数分ずつ盛り合わせたもの．この取肴(とりざかな)で亭主と客が杯の献酬をする），香の物，湯桶(ゆとう)で料理は終わる．湯桶というのは，おこげで香ばしい香りをつけた湯を飯椀，汁椀に注ぎ，香の物で食すものである．つまり，最後の飯を湯漬けにして食べ，飯・汁椀を洗うようにすべてのものをきれいに食べ終わるようにするのである．次に菓子になり，点茶(てんちゃ)に移るが，正式な茶懐石ではいったん席を立ってからとなる．

　懐石料理は，本膳料理の固定化を解決すべく登場した．客の膳は最初の折敷が中心で，向付の器を懐紙できれいにしては，まわってくる料理をとり分けてのせていく．膳は折敷だけしか用いられず，本膳料理の膳を並べていく方法は簡略化され，それによって料理を出すタイミングを考慮する心配りが必要となった．贅沢や華美を競うのではなく味，温度ともに味わうのに最も適した状態で食膳に運ばれるよう考慮される．そして，温かいものは温かいままに，冷たいものは冷たいままに，食べやすく十分調味し，ちょうど食べきることができる程度の料理が配膳される茶会の中の料理として展開していった．茶の湯の本質である客をもてなす行き届いた心配りを懐石料理を通して表現しているのである．本来，禅宗の精進料理に魚介類や鳥肉などの調理が加えられただけの簡素なものであった懐石料理もしだいに洗練され，高級化されていった．わびの料理であるべき料理が豪華なものへと変化していき，今日の宴席料理にも影響を及ぼすこととなった．

　今日，日本料理での結婚披露宴をはじめ，多くの招宴，会食などでは会席料理様式が用いられている．この会席料理は，江戸時代に料理茶屋における酒宴向きの料理形式として広まっていった．会席料理の様式としては本膳料理が踏襲され，膳3つを基本としていたが，同時に懐石料理の「頃」を得たおいしさ本意の料理も取り入れ，工夫され，膳2つに集約されていった．現在の会席料理は，宴席の性格や目的によって，本膳料理の形がしのばれるもの，懐石料理の系統をひくものなどがみられる．

5. 貴族の生活2［ヨーロッパ18世紀］

🏠 5.1 ロココ様式の室内装飾

a. ルイ14世の死

ルイ14世の死（1715年）は，1つの時代の終焉であるとともに，新しい時代の幕開けであった．ルイ14世時代の絵画・彫刻・建築は，王の偉大さと権力を示すための重要な手段としてアカデミーの監督下におかれ，壮麗な表現が求められていた．ルイ14世が建てたヴェルサイユ宮殿は全長550 mにも及び，1万人を収容する大規模なものであった．この宮殿は，王をはじめ宮廷貴族たちの生活の場所であると同時に，壮麗な宮廷生活のための舞台であり，国内外に王の権力を誇示するための重要な手段であった．ルイ14世は，起床から就寝まで公私にわたる日常生活のすべてを儀式化して王族や貴族に立ちあわせ，約30年の間，ヴェルサイユ宮殿という舞台で絶対君主の権力の強さを示し続けた．

ルイ14世の死は，このような儀式や壮麗さ，重苦しいエチケットといったものからの解放を貴族たちにもたらした．その反動は大きく，まったく対照的な生活態度や意識が現れた．前時代の時代精神とは対照的な自由奔放さや親しみやすい日常性，軽妙さが求められるようになり，貴族たちは堅苦しくないが高貴さのある，優雅で瀟洒な個人生活を望むようになった．

b. ロココ様式の室内の誕生

ルイ14世時代の館は生活の場としての住宅ではなく，外観の立派さばかりが重要視されていた．吹き抜けのサロンや広すぎる客間，天井の高い巨大な宴会場は貴族たちの対面を保つためだけのものであった．しかし，ルイ14世の死後，貴族たちは快適な個人生活の実現のために住み心地のよさを館に求めるようになり，同時に少人数の親密で優雅な集まりのためのこぢんまりとした社交室をつくり始めた．そこで優雅で気のきいたサロンを催すことが流行し，主催する女主人の存在は非常に重要であった．このような社交室はパリ市内の小規模な邸宅の中に設けられたほか，ヴェルサイユ宮殿やその他の館でも大きな部屋が小部屋に分割され，改築された．外観よりも室内に重点がおかれ，ロココ様式とよばれる装飾が室内を飾った．

「ロココ」の語源は「ロカイユ」といい，バロック庭園の人工洞窟に用いられ

た貝殻，小石，岩などの装飾のことであった．1715〜30年頃にフランスで，装飾家たちによって工夫されて発展した彫刻装飾のよび名となり，やがて「ロココ」という様式名が生まれた．ロココ様式の特徴は，対称性や直線などを重視する古典的なルールを排除し，曲線と曲面を多く用いたことにある．装飾のモチーフは，花や鳥，樹木や貝殻など自然の要素が多く，中国趣味（シノワズリ）や野猿図様（サンジュリー）など異国趣味もみられ，多様をきわめた．このようなロココ様式の装飾のある室内は貴族たちの感覚と一致し，18世紀のフランス貴族の邸宅における特徴となった．なお，建物の外観においては内部ほどロココ様式の発展はみられなかった．

c. パリの邸宅にみるロココ様式

1) 室内装飾 ロココ様式の室内の多くは，前時代のバロック様式の室内を改築してつくられることが多かった．

1734年にフランスの建築家ジェルマン・ボフランによってデザインされたオテル・ド・スービーズの楕円形のサロンは，ロココ様式の室内の典型とされている（図5.1）．室内は精巧なパネル壁で囲まれており，金色の曲線的装飾が壁と天井の境目を隠すようにおおい，プシュケ（本来は古代のお伽話．「愉楽」の表現としてしばしば描かれる）の物語をモチーフにした絵やかわいらしい浮き彫りなどが室内全体を埋めている．白地に金の曲線模様の組み合わせはロココ様式の室内装飾の大きな特徴である．快適な居住性に重点をおいたボフランは画家や装飾家に協力を求め，家具を含めてデザインの統一性を図った．「コモード（使いやすい）」という名前の飾り箪笥も特徴の1つである．

ヴェルサイユ宮殿でも時代の趣向に従ってたびたび内装を変えることが流行していた．ルイ14世時代の終わり頃にはすでに壮麗な部屋と威厳のある室内装飾が飽きられて，小部屋への移行が始まっていた．ルイ15世の時代には，バロック様式の広い部屋はいくつかの小部屋へと分割され，ロココ様式の室内装飾が施された．1783年に改築されたルイ16世の妃マリー・アントワネットの部屋もその一例である．ルイ16世時代の室内装

図5.1 オテル・ド・スービーズのサロン（Contet）

飾の特徴は，以前のロココ装飾に比べて直線的で簡素になったことである．天井と壁の境目も明確になり，木製パネルの縁取りも直線が強調されている．

2) 巧妙な平面計画　　より快適な個人生活を求める精神は，邸宅の平面計画にも大きな影響を与え，実際的で機能的な部屋の配置がみられるようになった．

フランスの建築家ジャン・クールトンヌの作であるオテル・ド・マティニョン（1723年）は内部のみならず，ファサードにもロココ様式を用いた例であり，平面計画においてもロココ的特色を示している（図5.2）．中庭側と庭園側の両方から見ても完璧な左右対称であるが，平面上では対称軸がずれている．さらに各部屋の大きさも異なっていて，左右対称にこだわらない自由な配置がなされている．階段や小さい中庭を部屋の間に挟むように適度に配置することによって各部屋の独立性を高め，家事がスムーズに行えるように工夫されている．大階段室は玄関広間と使用人たちの家事空間の中間に配置されており，階段の見栄えと利便性の両方が考慮されている．

オテル・ダムロは，1712年にボフランによってデザインされた邸宅である．平面は完璧な左右対称であるが，食堂と台所がきわめて近い距離に配置されていて機能性が重視されている（図5.3）．小規模な邸宅ながら部屋の配置の工夫によってまとまりがあり，しかも優雅で比較的大きい階段室も組み込まれている．社会に対する体面の保持と快適な居住空間の両方の実現を目指しており，当時の貴族たちが住宅に求めたものがうかがえる．

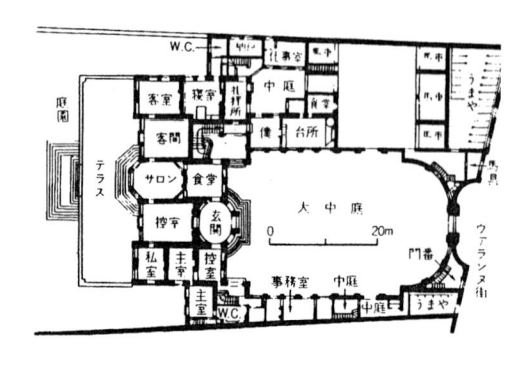

図5.2　オテル・ド・マティニョン平面図（N. Pevsner, 1960）
パリ，ジャン・クールトンヌ，1722年起工．中庭側，庭園側立面．

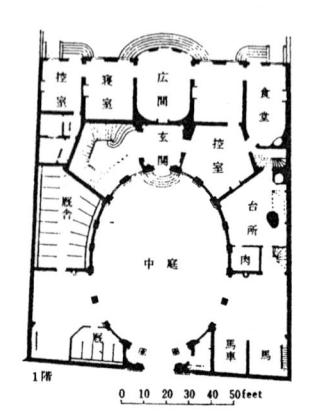

図5.3　オテル・ダムロ平面図（建築学大系編集委員会編，1968）
パリ，ジェルマン・ボフラン，1712年．

c. ロココ様式の波及

フランスのロココ様式の影響は強く，ヨーロッパのどの宮廷でも多かれ少なかれその影響を受けていた．とくにドイツの宮廷は積極的に取り入れた．ドイツのロココ様式の特徴は，フランスの場合と異なり，内部のみならず外部にもロココ装飾が適用されたことである．北ドイツのポツダムにあるサンスーシー宮殿（1745～47年）の設計草案にはフランス趣味のフリードリッヒ

図 5.4　アマリーエンブルクの鏡の間

2世自らがかかわり，ドイツの建築家ゲオルグ・フォン・クノーベルスドルフに担当させて内外ともに完全なロココ様式で建てさせた．

また，フランスの建築家フランソワ・ド・キュヴィリエはフランスのロココ様式を南ドイツと調和させてバイエルン・ロココ様式を生み出したミュンヘン宮廷の主席建築家である．オテル・ド・スービーズの楕円形のサロン完成直後に，キュヴィリエはミュンヘンのニュンフェンブルグ宮殿の庭園内にあるアマリーエンブルク（1934～39年）の鏡の間にその設計を取り入れ，フランスのロココ様式以上に曲線文様を自由自在に用いて優美なスタイルを完成させた（図5.4）．

d. 内への意識

ロココ様式の室内は，その華麗で優雅な装飾に関心が多く寄せられるが，ルイ14世時代の威厳に満ちた重苦しい雰囲気からの開放感を謳歌したいと願う貴族たちの気持ちの現れであり，同時に居住性を重視しようとする姿勢が生まれたことと密接な関係がある．しかし，社会的体面など「外」への意識を完全に切り捨てたのではない．従来の大規模な方法ではないが，外への意識をもちつつ，個人生活といった「内」への意識をもち合わせるようになった．左右対称の外観や見栄えのする大きな階段室と，利便性を考慮した部屋の配置の両立がこのことを示している．様式としてロココはバロックの延長あるいは同じ分類にまとめられることが多いが，バロック様式が「外」への意識によって推進されたのに対してロココ様式は「内」への意識によって推進されたことから，2つの様式を推進した動機には大きな相違があるといえよう．

5.2　18世紀フランス宮廷の美

a. ロココ文化と宮廷人の服飾

ロココの特徴は当時の服飾に最も顕著に現れている．17世紀では豪華で贅沢な服飾によって地位や権力を表していたが，18世紀では権力よりむしろ富や快楽を追求し，高価な素材よりも体の線を美しくみせる曲線，揺れ動く魅力的な装飾など，洗練とアイデア性が求められ，服飾は芸術にまで高められる．

ロココ文化は宮廷を中心に，貴族や大ブルジョワジー，文人らによるサロンにおいて発達した．宮廷では舞踏会やオペラが催され，サロンにはモーツァルトなどの宮廷音楽家が招かれた．各サロンの女主人たちは自分のサロンを洗練された趣味で装飾し，いかに居心地よく気のきいた話題を提供しようかと工夫を凝らした．また芸術・文学・哲学・流行などについて男女が優雅に語り合い社交を行う一方，カード賭博も日常的に楽しまれた．

当時の奔放な生活態度は，高価なレースを使った高級下着を発達させた．しかし衛生意識があまり進んでいないため下着を取り替えることは数カ月なく，入浴することも減多になかった．そしてそのことが香水の使用と改良をより促した．また，肌を見せることに対する羞恥心が希薄な傾向があり，それは18世紀のモード版画に，膝上までスカートをたくし上げているものや，乳輪の下まで見せたドレスがしばしば登場することからもわかる．

このように「優雅と洗練の極致」といわれる18世紀ロココ文化であったが，その時代を生きた宮廷人は"身持ちのよくない遊び人"と称されることが多い．しかし日本の元禄時代（1688〜1704年）と同じく遊びの多い時代にこそ文化が熟すものであり，偶然にも東西2つの文化が時期的に近いのもおもしろい一致である．

b. ワトー・ローブからローブ・ア・ラ・フランセーズへ

初期の頃，女子服のシルエットはゆったりとしており，ワトーの絵の中で美しく描かれているため，ワトー・ローブとよばれている（図5.5）．優雅なこのローブは肩から布地がゆるやかに裾に向かって流れ落ち，とくに後身頃にひだをとって多くの布地を使っており，当時の自由なくつろいだ気分を表している．

ローブ・ア・ラ・フランセーズ（フランス風ローブ）は18世紀中頃ワトー・

図 5.5 ワトー・ローブ（1729 年）　　**図 5.6** ローブ・ア・ラ・フランセーズ（1777 年）

ローブから変化したものである（図 5.6）．前身頃をぴったりさせ，後の流れるひだはそのままのこの華麗なローブは，盛装用ローブとして革命前までヨーロッパ中で愛用される．色は明るいパステル調が多く，広くあけた胸元は，リボンなどで美しく装飾され魅力的に強調された．全面を刺繍やリボン，フリル，レース，宝石，造花などで飾り，身につけた女性は動く花園のようでありロココを代表するローブといえる．

このローブの美しい曲線をつくり出しているのが中に身につけるコルセットとパニエである．女性は子供のときからコルセットをつけ細胴を望んだ．スカートを膨らますパニエは，麻布のペチコートを鯨ひげや針金の輪で形づくった．

18 世紀後期になるとローブ・ア・ラ・フランセーズは大きさが競われ，巨大なパニエによって左右に広げられ，両腰はウエストよりせり上がった．裾の周囲は 3～6 m となりドアは横向きになって通り，席は数人分を要した．

髪型も 1770 年代後半に最大となる．人目を楽しませるロココの特徴により，その意匠には，船や，馬車，庭園など驚くべきものがあった．これら巨大な髪型はクッションや針金でつくった枠，かつら，入れ毛，自毛を組み合わせてつくられ，ポマードで固め，小麦粉の髪粉をふりかけさまざまな飾りをつけて仕上げた．結髪は高額なため貴婦人で週に 1 度，それ以外では月に 1 度やっと櫛を入れた．したがって当然シラミが発生し，頭掻き棒なるものを持参していた．

男性服は上着のアビに，ジレ（ヴェスト）と，ぴったりした膝丈のキュロットを組み合わせた．金銀糸やシルク糸の刺繍は女性服以上に凝っていた．

c. シュミーズ・ア・ラ・レーヌと革命期の服装

このように宮廷服が人工的な過剰装飾に走り非現実的なものになる一方で，宮廷外で生活する服飾には18世紀半ば以降簡素化へ向かう別な流れがあった．その要因はさまざまで，田園生活などを好む簡素な英国趣味の流行，18世紀あいついだ古代遺跡の発掘と古代への憧れ，東洋趣味による綿プリントの流行，産業革命による綿生産技術の向上などが考えられる．英国風ローブは装飾が少なく，パニエを入れずに後ろ腰に麻布の腰当てを入れた．また背中のひだはなく胴部は体に沿っており機能的である．

1770年代後半から1780年代初頭にかけ巨大化した髪型は，1783年頃その不便さとシラミの大発生からか突然すたれ，自毛を生かした縮れ毛や無造作なカールとなり，あわせて麦わらや布製のつばの広いシャポーが流行する．

ルイ16世の王妃マリー・アントワネットは，服飾をこの上なく愛し，宮廷では贅を尽くしたローブを身につけた（図5.7）．しかし時代の気分を感じとっていたのであろう，プライベートの別荘ではシュミーズ・ア・ラ・レーヌ（"王妃様風の内着"）や，まるで英国の農婦の服装で羊飼い遊びなどの疑似田園生活を楽しんだ．シュミーズ・ア・ラ・レーヌは，英国趣味のもので，モスリン（薄い綿），麻，絹などの軽い生地でつくられており，パニエはつけず主に白で，1780年代流行する．白は古代風ということで，この頃好まれた．

長年の贅沢な貴族社会と国家財政の破綻に，食糧危機になった市民層の不満が爆発し，1789年フランス革命が勃発する．革命派は宮廷服を否定し，贅沢なものすべての排除を目指した．彼らはサンキュロット（貴族の象徴のキュロットをはかない人）とよばれ，長ズボンに労働者の上着カルマニョルや，英国起源のルダンゴットを身につけた．対する反革命の若い王党派はミュスガダンとよばれ，キュロット（膝丈ズボン）に黒いアビや，英国からのフラックやルダンゴットを着た．

図5.7 マリー・アントワネットの肖像

5.2 18世紀フランス宮廷の美

図5.8 アンクロワヤブルとメルベイユーズ（1795年）

図5.9 シュミーズ風ドレス（1807年）

マクシミリアン・ド・ロベスピエールらにより国王，王妃をはじめ2万人が処刑された恐怖政治（1793〜94年）が革命派の失墜で終わり，富裕ブルジョワジーの世になると，王党派ミュスガダンの流れを受けたアンクロワヤブルという，より過剰な服装をする若い洒落者集団が現れた（図5.8）．彼らは病的こそエレガンスとし，牢獄や潜伏生活で体を壊した王党員への同調なのか，社会への風刺を込めた服装をした．それは黒いルダンゴットの衿を大きく袖を長くし，ひだをつけた背中に詰めものをして，くる病のように丸くみせ，クラバットを顎まで高く巻いてまるで甲状腺腫を隠すようにした．ボサボサに垂れた髪，大きな眼鏡，がに股に細い杖をついて歩いた．

アンクロワヤブルに相当する女性たちはメルベイユーズとよばれた．革命前からの衣服の簡素化が，市民都市古代ギリシャ・ローマを理想とする革命の世で一気に加速した．マリー・アントワネットが好んだシュミーズ風ローブの古代要素が強くなり，メルベイユーズたちが目立つよう競って装ったので，世紀末には古代ギリシャ・ローマ風の体の線もあらわなドレスが出来上がる（図5.9）．これは広く流行したが，太った女性や年配者は当惑した．ギリシャ・ローマと違いフランスの冬は寒く，医者の忠告を聞かずシュミーズ風ドレスを着用し，多くの女性が肺炎で命を落とした．

5.3 ブルボン王朝の豪奢な食卓

a. フランス料理の潮流

1) ヨーロッパの食生活　17〜18世紀のヨーロッパでは，一般庶民の食生活は厳しかったものの，領主や貴族，王族は，お抱え料理人の腕を競い合った．とくにフランスの絶対権力者であったブルボン王朝ルイ14世の健啖ぶりはすさまじく，現代では考えられない量の料理が食卓に並び，料理の発展には大きく寄与した時代と考えられる．ここで，ヨーロッパの食生活が初めて出てくるので，それまでの料理の流れを大まかに説明すると，ヨーロッパの食生活は紀元前5000年頃エジプトに端を発し，ギリシャ，ペルシャを経てローマ帝国の時代には，孔雀やうつぼなど食材にユニークなものもみられるが，ほぼ現代のヨーロッパ料理の基礎が築かれた時代と考えられる．1〜3世紀には，現存する最古の料理書，『アルス・マギリカ（料理人の技術）』や『クリナリウスアピキウス（アピキウスの料理書）』などが書かれている．たくさんのハーブを用いた料理，野菜（アスパラガス・アーティチョークなど）の栽培も行われていた．その後，貿易商人によるアフリカやアジアの食材や料理技術の交流，新大陸発見（15世紀）によるトマトやジャガイモ，コーヒー豆などの食材の移入の影響を受け，それぞれの地方の特産物を利用した料理へと発展していくことになる．

2) 豪華フランス料理の始まり　1533年，ローマ市の貴族の娘カトリーヌ・ド・メディシスがフランスのアンリ2世に嫁ぐことにより，ローマの生活文化がフランスにもち込まれた（アイスクリーム，ジェノワーズ，カトラリーなど）．当時，最も食文化の進んでいたのはローマであった．フランスは，国王ルイ11世の時代で，それまでフランスの食文化はあまり進んでいるとはいえず，食事はサロンの隅で，板を渡しただけのいすに腰掛け，手食であった（図5.10）．テーブルクロスで口を拭い，ナプキンはなかった．それまで木か金属製の共有の食器が主流であったが，ルイ14世（17世紀の終わり）の頃，陶器の開発が始まった．東洋にはすでに磁器があったので，これは大変な貴重品であった．

b. ブルボン王朝の食卓

1) 太陽王ルイ14世の食卓　17世紀のフランスはヴェルサイユ宮殿に象徴される絢爛華麗な宮廷文化の時代である．その頂点であったルイ14世は太陽王

図 5.10 16世紀以前のテーブルセッティング（ヴェネローゼ『カナの婚宴』，1562～63年）

とよばれ，グルメ（美食家）というより，グルマン（大食漢）であった．この頃の権力者にとっては，豪華な食事やすばらしい招待客を大衆に見せることが権力や富の象徴となっていた（図5.11）．もちろん，9割の大衆は日々のパンにも困り，1週間に1度肉にありつけるかどうかという食生活の貧しさであった．ここで，ある日のルイ14世の正餐をあげると，「ポタージュ（2羽の去勢鶏，山鶉4羽のラグー）6品，アントレには，14 kgの仔牛のクォーター肉，12羽のハトを使ったパイ，6羽の鶏のフリカッセ，山鶉2羽のミンチと6羽のブイヨン，パイ6個，七面鳥2羽のブロイル，トリュフを詰めた若鶏3羽入り．さらにメインディッシュには脂のよくのった去勢鶏2羽，若鶏9羽，鶏9羽，山鶉6羽のローストにパイ4個．デザートに果物2桶，乾燥ジャム2種，果実のコンポート4種」．この料理をすべて食したわけではないが，かなりの健啖家であったようである．ルイ14世はラグーとトリュフをことのほか好んだといわれる．宮殿の調理場には，500人近い料理人が働いていたといわれている．量の多さはともかくとして，スープ，アントレ，メインディッシュ，デザートという現在のコースの原型はすでにできているといえよう．果物は貴族の食卓に最もふさわしいとされていたが，長期保存のできるクリは例外で庶民の食べ物とされていた．ルイ14世は，1660年スペイン王フェリペ4世の娘マリア・テレサと結婚したので，この頃は，スペ

5. 貴族の生活2［ヨーロッパ18世紀］

図5.11 権力者の食事風景（ランブール兄弟，『ベリー公のいとも豪華なる時禱書』一月，1416年以前）

インの影響を受けた時代でもあった．

2）フランス革命まで　フランス革命が18世紀終わりの1789年に起こるが，その直前までブルボン王朝の栄華は続いた．ブルボン王朝はルイ13，14世ともスペインから王妃を迎えたため，17世紀はスペインの食材がもたらされた．ココア，チョコレート，トマトを用いたソースエスパニョール，ソースマヨネーズなどである．チョコレートは当初，チョコラトルというとうがらしが入った激辛の飲み物としてメキシコから入ってきたが，スペインで砂糖，シナモン，ヴァニラと混ぜることになり，チョコレートケーキもスペインからフランスに伝えられた．チョコレートは17世紀後半から18世紀初め，宮廷や上流階級のファッショナブルな飲み物として毎朝ベッドで飲まれていた．これは，イギリスにも波及したが，コーヒーや紅茶の2倍の値段だったため，中産階級以下の人々には広まらなかった．

　ルイ15世は，ポーランド王スタニスラスの娘マリー・レクチンスキーと結婚したが，この王と娘も歴史に残る大変な美食家であったため，18世紀フランスの料理はさらに洗練された．マドレーヌ，ヴォローヴァン，ブッシェ・ア・ラ・レーヌ，メレンゲ菓子などがもたらされた．食事の場所と台所は別になり，ダイニングテーブルとアームチェアーも登場した．きちんとアイロンの折り目のつい

5.3 ブルボン王朝の豪奢な食卓

図 5.12 ブッシェ・ア・ラ・レーヌ（左）とヴォローヴァン（右）

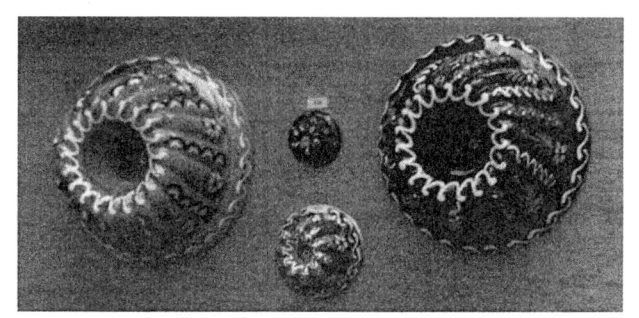

図 5.13 クグロフの型（フランス，ストラスブールの街角にて）

たナプキンが使われるようになりテーブルセッティングもされ，マナーもだいぶ現代に近いものに整った．1753年にセーブルの陶器会社が設立され，食器も揃うようになった．

1769年にオーストリア皇帝マリア・テレジアの娘マリー・アントワネットと結婚し，フランス革命で地位を追われたルイ16世の時代は，オーストリアの菓子が多くフランスに入った時代である．マリー・アントワネットが好み流行となったクグロフやクロワッサンなどがある．パリ市民が，パンが不足して騒いでいるとき，「パンがなければケーキを食べればいいじゃない」と言ったといわれ，宮廷と庶民とのあまりの落差にパリ市民の不満はつのっていった．ついに，18世紀の終わりに革命は勃発し，宮廷に抱えられていた料理人たちは，その後フランス各地のレストランのシェフとして，フランス料理を庶民に伝えていくこととなる．

6. 市民の生活 1［江戸時代］

6.1 町家——町人文化とともに開花した建築様式

　江戸時代，商工業に従事する町人たちが経済的な基盤を築くに伴って，町人主体の文化—寛永文化（1640年頃），元禄文化（1700年頃）—が花開く．町人の店舗兼住まいである町家の建築様式が完成したのは元禄期の京都といわれ，町家は町人文化とともに開花した建築様式といえる．町家は京都の町家を規範として，地域の風土に即すよう変更を加えられながら，全国各地につくられた．

　町家はその美しいたたずまいばかりでなく，その空間には随所に長い年月をかけて培われた生活の知恵が刻みこまれていて，住まうことの意味を私たちに語りかけてくるのである．

a. 店屋（マチヤ）から町家へ

　町家の始まりは平安時代の京都にまでさかのぼる．その源流は，「店屋（マチヤ）」とよばれる，一室構成の粗末な長屋風掘立小屋，坐売舎（ザウリヤ）であると一般にいわれている．

　近世に入って商工業は大きく発展し，都市には商工業に従事する人々がしだいにその数を増しながら集住するようになった．店舗兼住まいである町家は量産の必要が生じ，その結果，建築資材の規格化・生産システムの合理化が進んだ．また，生産用具の発達や徒弟制度の確立によって職人の技術水準は向上し，質的にも良好な町家が生み出される基盤が整った．

　このような成立条件を要因として，町家は元禄期（1700年頃），京都において定式化された都市住宅としてその建築様式を完成させる．豊かな経済力をもちながらも，士農工商という身分制度ゆえにきびしい家作制限を強いられた町人たちは，見た目の豪華さは求めないが材料は吟味された贅沢なものを使うといった独自の審美形式を培いながら，文化的にも価値ある町家建築を数多く生み出していったのである．

b. 町家建築の特徴

1）間取り　町家の代表的な間取りは「通り庭型」とよばれるもので，家屋の表から奥まで間口方向の片側が土間（通り庭）で，もう片側が「オイエ」とよばれる，床が土間より 40～50 cm 高く，基本的に畳が敷きつめられた部屋で構

成されている（図 6.1）．

通り庭は普通，門口から中戸までの「見世庭」と中戸から裏口に至る「台所庭（内庭）」に分かれる．オイエは，表から奥に向かって「見世」，「台所（中之間）」，「座敷」の3室が縦に並ぶものが一般的であった．規模の大きい町家では，部屋を縦2列にしたり，2階に居室をつくったり，さらには店棟と住居棟を独立させる「表造り（表屋造り）」とした．

2）外　観　通りに連続して建ち並ぶ町家の外観は，量産・規格・合理化のゆえに様式化されたエレメントで構成され，統一感ある都市景観を生み出していた（図 6.2）．

正面には門口（かどぐち），出格子（でごうし），揚げ見世（あみせ）などが並ぶ．門口は戸締り用の板戸と明障子（格子戸）との二重構造になっていた．出格子は見世の間を広くし，また入口の外に立っている人などを眺めるのに便利

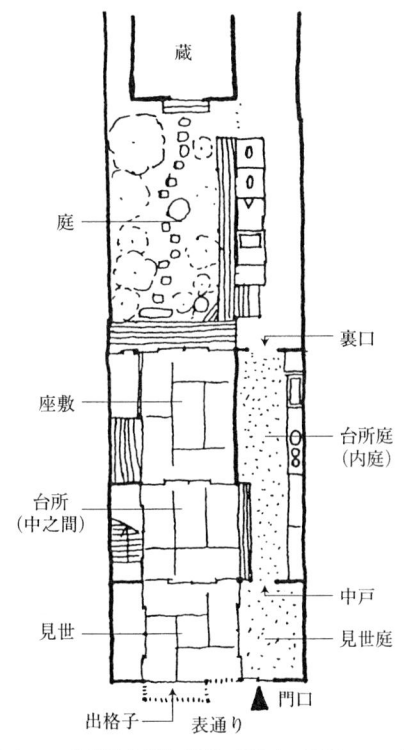

図 6.1　典型的な通り庭型の間取り（上田，1975）

図 6.2　典型的な町家の外観（京都市指定有形文化財，杉本家住宅）

であった．揚げ見世はばったり床几ともよばれ，商品を展示したり通りに面した腰掛けに使われた．低く構えた2階（厨子二階）の表構には土塗りの太い格子窓（虫籠窓）や竪子の細かい千本格子窓などが設けられた．

1717年に瓦の使用の禁が解かれてからは，防火上の見地から瓦葺塗屋造り（土蔵造り）が奨励された．また，隣家と接する両端の壁を屋根上まで建ち上げ，装飾と防火の役割を兼ねた「うだつ」を設けたつくりもあった．

c. 町家のくらし

1) 表通り　町家の表通りは，商いの場であるとともに，祭りなどの行事，買い物，夕涼みやおしゃべりなどが行われる生活活動の場，社交の場でもあった．町人たちはこの表通りを共有することで密に交流し，結びつきを深めながら近隣生活を展開していった．

表通りは行事のたびに装いを変え，ハレの表情を演出した．たとえば祭りのとき，表通りに面した格子戸は外されて祭り用のしつらいがなされ，町家は祭り行列を見物するための「桟敷」に様変わりした．

2) 通り庭　「通り庭」とよばれる，家屋の表から奥まで貫通している土間空間は，町家の中で最も特徴的な空間である．通り庭は，通路・オイエへの上がり口であると同時に，仕事や家事などが行われる生活空間でもあり，また接客や御用ききとの対応など外部圏の人との接触が行われる空間でもあった．とくに「台所庭」は占有する面積も大きく，家の中の主要な空間であった．この空間には天井がなく上部は吹き抜け，大屋根を支える梁や束，貫など見事ながっちりとした構造材が現れていた．壁際には食器戸棚，調理台，流し，かまど，井戸などが整然と並び，家の中の美的要素の1つでもあった（図6.3）．

「夏をむねとする」日本の住まいにおいて，この町家の通り庭は風の通り道となり，家の中を涼しくするのに非常に有効であった．また，通り庭は建てつまった町内の避難通路としての役割も担っていた．

図6.3　通り庭の様子・吉田家（無名舎，柴田佳彦撮影）

3) オイエ　表通りに面した「見世の間」は，商品展示，接客が行われる商いの場所であった．表通りとは格子などによって半透過的につながり，見世の間は，公空間の延長と考えられていた．

次の部屋は「台所（中之間）」である．主として家族の食事室・居間として使われたが，商い以外の日常的な接客（近隣や友人など）が行われたり，奥の「座敷」への通路になったり，場合によっては見世の間の延長として使われたりと，その使い方は多様であった．

「座敷」は家の主人の部屋であり，儀礼的な接客が行われる最も格式の高い場所であった．独立性を高めるために通り庭とは壁で区切られ，また唯一庭に面する部屋であった．

4) 敷地奥の空閑地　敷地奥の空閑地は，便所，風呂，倉庫（蔵）などが設けられたり庭として使用されたりする以外に，主に2つの使い方があった．1つは裏長屋・裏店の経営であり，もう1つは茶屋・茶室の営みである．

裏長屋・裏店は，その日暮らしなど経済的に不安定な人のための借家であった．2棟の表店（町家）の間に設けられた木戸をくぐると，裏長屋・裏店への路地が続いていた．路地の一画には共同で使う上水井戸・ゴミ溜・惣雪隠・稲荷などがあった．各住戸の広さは土間も含めて6畳程度とかなり狭小な空間であった．

一方で，京都や堺を中心に，富裕な町人たちは敷地の奥に茶屋・茶室を営み，茶会などを催して町人たちの交流の場として使った．そのたたずまいは人里を離れて隠棲する遁世者の庵を模していて，「市中の山居・隠」とよばれていた．町人たちは都市の中に虚構の自然を見立てることによって独自の空間を創造し，その後の和風建築の主流となる「数寄屋」の原点をかたちづくった．

6.2 「だて」と「いき」

「だて」と「いき」は江戸時代の町人文化を代表する美意識である．おおまかには，前期を「だて」，後期を「いき」ととらえることもできるが，後期にみられるだてといきには同義的な意識もうかがうことができる．

a.「だて」

だては「立てる」から発したことばであり，中世に源をもつ．室町時代のことばを記録する『日葡辞書』には，「だて―何か物を誇示して見えを張ること」とあり，「だてなもの―外面を飾り見えを張ることの好きな者」のほか「健気（けなげ）だて」「腕立て」「武辺だて」「利口立（りこう）て」「利根（りこん）立て」「若物立て」など性質や能力などの特質を誇示して表現する意識が表される．「立つ」「立てる」とは本来，ものの働きを活発にし，人の目にはっきりと見えるように形に表すことであり，したがって服飾の形態・色彩・文様などの表現性に顕著な特質をみることができる．

江戸前期には，一般の人とは変わった，風流（ふりゅう）や婆娑羅（ばさら）服飾などの，人目を驚かす異装のカブキ（傾）者がおこり，誇張した服飾が大いに流行する．町奴・旗本奴，富裕商人など体制の枠におさまりきれない人々がだて服飾を競い，当時繁栄をきわめた遊里や歌舞伎役者などが，流行服飾の発進の源となった．

井原西鶴は『好色一代女（こうしょくいちだいおんな）』（1686（貞享3）年刊）で次のように記している．
むかしは律義千万なるを人の女房かた気と申侍りき．近年は人の嫁子（よめご）もおとなしからずして，遊女かぶき者のなりさまを移し，男のすなる袖口ひろく，居腰蹴出（すそこし）しの道中，我身を我ま〻にもせず，人の見るべくを大事に掛，……足くびのふときを裾長（すそなが）にして包み，……思ひの外なる苦労をするは今時の女ぞかし．（巻三）

遊女や人気女形が考案した染色・文様や着こなし方にみられる，従来の常識にさからった人目を引く服飾が町人の心を魅了し，都から諸国にまで伝播していく様子が記される．当時のファッションブックともいえる雛形本には，友禅染や刺繍・絞などさまざまな技術を駆使した文様を大胆に配し，視覚的効果を求めた「寛文文様」「元禄文様」などがみられる．これらは当時よく知られた和歌や故事・諺・物語・謡曲などとかかわりをもち，「判じ物」のように表現された遊戯的意匠もみられる．これらの「物好き」とも表される，工夫をこらした意匠も「だて」服飾ととらえることができよう．歌舞伎のことばに「たて役者」「大だて

者」などがあるように，芸能・武芸の世界では外見の華やかさや誇張こそが積極的な価値をもった．しかし質素倹約を奨励する為政者の側からは，だて服飾は奢侈・贅沢風俗であり，体制に反する意識の表れとして戒めや取り締まりの対象となった．

男をたてる意の「男だて」としては，「江戸ッ子」の元祖とされる歌舞伎の「助六」が広く知られている（図6.5）．「歌舞伎十八番」には次のように記される．

惣じて男達といふものは，第一正とうを守り，不義をせず，無禮なさず，不理屈をいはず，意気地によって心を磨くをまことの男達といふ．

助六の衣裳付は当時の浅草蔵前の通人風俗を写したとされる．当時あたかも大名のような暮らしぶりにあった札差仲間は明和・安永（1764～81年）の頃江戸の吉原で「通人(つうじん)」とよばれ，中でも十八大通として名を残した人々の豪奢な様子は後世まで語り継がれた．歌舞伎十八番「助六」では友禅染の大きな杏葉牡丹の五つ紋（伊達紋）のついた紅絹の通し裏の黒羽二重小袖(くろはぶたえこそで)，緋縮緬(ひぢりめん)の繻絆(じゅばん)，江戸紫の縮緬(ちりめん)の鉢巻(はちまき)，桐柾(きりまさ)の下駄，脇差(わきざし)，印籠(いんろう)，尺八(しゃくはち)，蛇(じゃ)の目傘(めがさ)などを身につける．

b. 「いき」

前項のように，「意気地」で心を磨いた人が「だて」であり「通」な人であり，「いき」の意識にも連なるものである．元禄（1688～1704年）頃の遊里のガイドブック『吉原大全』には，「意気地といふは．心さっぱりと．いやみなく．伊

図6.4 吉原松葉屋の傾城(けいせい)唐琴と禿(かむろ)のやよひ・あけは（たばこと塩の博物館）
喜多川歌麿画，寛政頃．
傾城が2人の禿に揃いの衣裳を着せるのは「だて」とされた．

図6.5 男伊達（たばこと塩の博物館）
左：鳥居清満画，宝暦頃．歌舞伎「振分髪末広曽我」で市川団十良の扮する団七．
右：五渡亭（歌川）国貞画，1816（文化13）年．歌舞伎「江戸花二人助六」で尾上菊五郎の扮する助六(だ)．

達寛濶にて．瀟落を表とし．人品向上にして．実を裏とし．風流をもって遊ぶを．真の通人といふ」と記される．通人とは森羅万象・世事万般など現実世界のことすべてとその本質に通暁している人であり，「すい（粋・推・水）」人でもあった．明和・安永の頃，通人は「いきま」「いきちょん」ともよばれた．式亭三馬の『浮世風呂』(1811（文化 8）年刊) には，上方女が「すゐ」と評する紫を江戸女はこれを「いき」と評する場面がある（三編巻之下）．すなわち上方のすいと江戸のいきは同一の概念であり，上方語と江戸語の相異と考えることもできる．また「すい」の方が先行することから，時代の推移による相違とも考えられている．

洒落本・人情本などをみると「いき」を表す文字は「意気」が最も多く，大通・通好・風雅・通雅・好気・当世・好風・秀美・花美・好建・程・婀娜などとも記される．これらの文字は単なる当て字なのではなく，そのまま「いき」の内容を表すものである．先述のように，衣食住を中心とした現実世界を基盤として，世の中のあらゆる事象や趣味世界にも興味をもち，ほどよく全体を見渡すことのできる目が求められるのである．したがって学問的知識の豊富なこともさることながら，歌舞音曲などの諸芸能や町人の間で行われた俳諧・川柳などの文芸や謎・判じ物など，ことば遊びの世界にも詳しく，何より時と場合や分限に応じた服飾事情や流行情報に通暁していなければならなかった．こうした服飾流行事情については江戸の文化人たちが「随筆」の中でさまざまに記述している．むしろ服飾流行事情にうとい人は「いき」な人ではありえなかったのであり，染や文様のみならず，表地はもとより裏地の色や材質・仕立方などにも細々と言及している．たとえば『嬉遊笑覧』（喜多村筠庭著，1830（文政 13）年自序）には「享保の頃は小袖の仕立丈長からず，丸袖にて袖口にこよりはりがねを入て芥子ぐりにしやんと縫立，袖ぐり黒すみる茶ゆきは短し，染色は黒とび黒こび茶ぎんす竹などなり，元文の頃丈長く袖少し大く御服袖口とて針かず少く縫，ゆき長く黒袖べり色は檳榔子くり梅藍みる茶木賊色」とある．また先述のように当時流行の歌舞伎芝居や役者の衣裳付は町人たちの興味と噂の中心であり，路考茶（二世瀬川菊之丞「俳名路考」より）・半四郎鹿子（五世岩井半四郎より）・菊五郎格子（三世尾上菊五郎より）など流行色名や文様の中には歌舞伎役者の役柄や名前（俳名）に由来するものも少なからずある．また流行の縞・格子・小紋などには役者の定紋や替紋を判じ物の発想で意匠化したものも多い．流行は幕府の禁

6.2 「だて」と「いき」

令をかいくぐったものであり，外見の華やかさよりも，人目につかない裏側や内側の部分の材質や細工に贅をこらした「底至り」というような表現様式をとった．

九鬼周造は『「いき」の構造』(1930(昭和5)年刊)で，いきとは「垢拔して(諦)，張のある(意気地)，色っぽさ(媚態)」と定義するが，九鬼はもっぱら江戸後期の人情本を考察の対象としているので，この定義でいきのすべてが言い表されているとするのは十分ではなかろう．

いきを表す文字「意気」は「意」と「気」である．学者で医者の貝原益軒の『養生訓』(江戸時代のロングセラー)には，人の心とからだは不可分の存在であり，「人の身は，気を以生の源，命の主とす」とある．また人の元気は天地万物を生ずる気であり，飲食・衣服・居処の外物の助けによって元気が養われ，命を保つと記され，「身の主は心」とする．服飾など外見上の表現は元気の源であり，流行は気のとどこおりを防ぐためにも大切な生活環境であった．身だしなみや風俗・流行服飾に興味をもち，時宜に応じてそれをほどよく楽しむことと「人品向上」「心を磨く」「実(不義・無禮・不理屈なく)」など義理人情をたてることは一体のものであった．人間は天地万物の一部分であり，共鳴体であるゆえ，世の中の流れにさからわず，周囲の人や環境と調和を保ち，それぞれの分限のうちで，流行を取り入れともに生きることは，自然で道理にかなった健康的な生き方であった．江戸人にとってはそれが「いき」で「だて」な生活態度だったのである．

図 6.6 江戸名所　忍はすの図
　　　　(たばこと塩の博物館)
五渡亭(歌川)国貞画，文化頃．当時，芸者の紋付き裾模様は「いき」な装いであった．

図 6.7 江戸自慢程好仕入　ほぐぞめ
　　　　(たばこと塩の博物館)
一勇斎(歌川)国芳画，1848(嘉永元)年．「程好」は「いき」ともよめる．

🍴 6.3　飲食店と料理屋の出現

a.　江戸の食文化

　江戸時代は，日本文化の熟成時代である．食文化もしかりであり，江戸時代には，室町時代を通じて独自の発展を遂げてきた日本料理が，徐々に庶民生活のレベルまで根をおろし，独特の料理文化が花開いた．1643（寛永20）年には，普段の料理に用いられる材料と料理法を具体的に簡明に記した画期的な料理書『料理物語』が刊行される．ようやく始まった木版印刷文化の中に，早くも料理書が登場した．以来，幕末まで，実に多くの料理書が出版され，これは世界の中でもトップクラスである．今日，和食とよばれる世界は，すべて出揃うといってよい．天明期（1781～89年）以降になると食文化は一段と華やかになる．1つは，飲食店（天ぷら，にぎりずし，そば，鰻の蒲焼など）の成立であり，もう1つは，有名料理店の成立である．

　平和が続き，貨幣経済が発達すると，経済や文化，生活面での実質的な支配力は，町人の手に移っていく．元禄（1688～1704年）頃までは，京都や大坂といった関西文化圏からの借りものが中心で，料理法をはじめ加工食品や調味料のことごとくが，上方からの「下りもの文化」であった．安永，天明頃になると，「下りもの文化」を吸収しながら，江戸前の食文化が芽生え，料理文化は空前の大盛況となった．江戸ものこそ上方を抜いて「日本一」といわれるようになり，食は江戸にありと，江戸っ子たちは威張るようになったのである．文化，文政から天保にかけてが，世にいう「江戸の食い倒れ」で，天保期に刊行された『江戸繁昌記』にも，「ことわざに，江戸っ子の食い倒れ，というが，料理屋は年ごとに増し，酒店は日ごとに増え」とあり，江戸市中は，飲食店であふれていた．

b.　飲　食　店

　享保期（1716～36年）には，すでに町人53万人に武家や寺社関係者を加えて，江戸は100万都市になっており，ロンドンの70万人をしのぐ世界の大都市であった．100万都市江戸の半数以上を占める下級武士や庶民層は，食べ物をつくるための土地をもてず，すべてを購入するしかなかった．このため，棒手振りといって，荷い棒で前後に道具をかついで，毎日の食材であるアサリのむきみや納豆，魚，野菜などを路地裏までも売りにくる人々がいた．この棒手振りは中世

図 6.8 屋台(『守貞漫稿』)　　図 6.9 盛夏路上の図(『日本図会全集』)

から始まるが,数も種類も一段と増えるのは,江戸時代である.

　さらに,屋台を出して道行く人々に食べ物を供するようになった.庶民のつつましい生活の中の楽しみの1つが,屋台にあった.屋台といっても,今のように車はついておらず,すえおきで,大名行列が通るときなど,必要に応じて,たたんで移動するものだった(図6.8).庶民の食べものを売る屋台などは,盛り場や大通り,また神社仏閣の祭礼,花見や月見のような遊興など,多くの人が行き交うにぎわいの中で発達した(図6.9).串にさして食べやすくした天ぷら,鰻の蒲焼,手でつまんで食べられるにぎりずし,けんどんそば,夜たかそば,二八そばなど後世に残る江戸のそばも,屋台売りから始まった.このように,揚げたり,焼いたり,煮たりして,その場ですぐに食べられる料理を安価で提供し,江戸庶民のせっかちさに打ってつけの「買い食い商売」が繁盛した.いわば,今でいうファーストフード的な役割を果たしていた.天ぷら,蒲焼,にぎりずし,すき焼きなど,現在,代表的な日本食として国際食にもなっているこれらの食べ物の多くが,江戸時代に生まれ,成長している.

c. 料理屋

　江戸に,初めて飯を出す料理屋が出現するのは,1657(明暦3)年の大火後とみられる.後にいう有名な振袖火事は江戸市中の2/3を焼失させ,その復興のために近在から職人や労働者がたくさん集まり,その人たちを相手にする煮売り屋(現在の惣菜屋)も続々と現れた.この煮売り屋の中から,奈良茶飯を提供する

図 6.10　奈良茶飯屋・河崎万年屋の図（『江戸名所図会』）

店が登場してきた．これが飯と汁と菜がセットになった食事の外食店の始まりである．その後，奈良茶飯屋は各所に広まり，河崎の万年屋のにぎわいは，絵図に残っており，当時の様子がよく描かれている（図 6.10）．こうした茶店はやがて料理屋に発展していく．100万都市江戸の人々の胃袋を支えたものの1つに，料理屋の発展がある．

最初は汁物で茶飯などを食べさせていた料理屋も，しだいに高級化し，文化・文政期になると，食器ばかりか家具や調度，座敷や庭園にまで，贅を尽くした料亭が生まれ，大名や旗本，豪商，文化人なども競って利用するようになった．料亭では，つねに新しい料理を生み出し，山海の美味珍味を揃えて，客の評判をよんだ．ひとたび評判になれば，通人たちに利用されて，ますます磨きがかかった．そんな多くの料理屋の中でも，浅草山谷の八百膳，葛飾の葛西太郎，秋葉の大黒，深川の平清，二軒茶屋，浮世小路の百川（ペリー来航の際，八百膳とともに料理を担当）などは，いずれも江戸における屈指の料理屋であった（図 6.11）．

江戸時代の長期間にわたる鎖国と平和は，それまでの日本人の生活に影響を与えてきた食文化に，自らの立場で選択するときを与え，それを変化発展させるだけの余裕を生じさせ，日本料理を成立させる外的・内的条件を整えた．このような時代背景のもとに料理屋は生まれ，その発展は味覚の発達を促し，食通を生むまでに至った．そして，これらの料理茶屋の一部は高級料亭へと後世に続いていき，そこでの饗応形式が料理様式を完成させていく．本膳料理，会席料理，中国

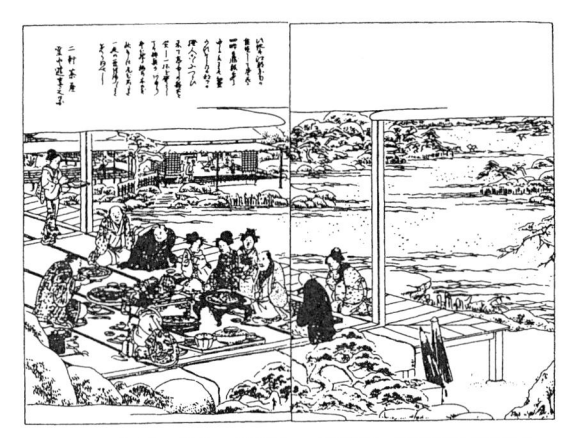

図6.11 深川八幡宮の料理屋・二軒茶屋（『江戸名所図会』）

図6.12 普茶料理の図（『普茶料理抄』）
料理は中国様式であるが，卓子の日本間にあわせて卓の足が短くなっている．また，食器も本来は中国のものを使用していたが，しだいに日本でつくられたものも使用されるようになってきた．

様式である普茶料理，卓袱料理，茶道から発展した懐石料理と日本料理の様式がそれぞれのニーズにあわせて大成するのも江戸時代であった．

7. 市民の生活2［ヨーロッパ19世紀］

7.1 アーツ・アンド・クラフツ運動から世紀末芸術へ

a. リヴァイヴァリズム

　文芸上において19世紀のヨーロッパは，18世紀の古代ギリシャ・ローマを理想とした古典主義および啓蒙主義への反動から，個人の創作意欲を重んじるロマン主義が展開し，住文化にもそれが影響した．ルネサンス，バロック様式がすでに過去としてとらえられる時代であり，各時代の歴史様式が自由に取捨選択されたにとどまらず，インド・イスラム・エジプトに及ぶ異国趣味が各個人の発想に基づき取り入れられた．19世紀半ば以降，リヴァイヴァリズムの風潮からとくに中世の生活・芸術が注目され，住文化においてもその復興運動がおこった．

　1) 新興ブルジョワのロマン趣味　市民の都市文化においては，人口の都市集中に伴う住宅の高層化とともに，室内空間への関心が高まった．この際，産業革命で台頭した新興ブルジョワが好んだのは，教養を排除しない秩序や節度とともにあるロマン趣味であった．このような傾向は決定的な芸術様式を形成しなかったが，室内装飾において，フランスではナポレオンの趣味に追随するアンピール様式，イギリスではリージェンシー様式，ドイツ文化圏ではビーダーマイヤー様式としてとらえられる．イギリスでは世紀半ばからのゴシック・リヴァイヴァルの延長から生じたアン女王様式復興においても，住宅意匠や家具を中心に内部空間が尊重され，この傾向はアメリカにも波及した．

　市民の都市生活に普及した家具に関して，ウィーンではこの時期，ミヒャエル・トーネットの曲げ木椅子が1849年カフェ・バウムに起用されたのを機に大量生産された．本来，椅子には社会的地位が象徴されたが，簡素な造形が先行するこの無名性の椅子が普及したことは，デザインにも大衆の時代が到来したことを反映していた．軽く丈夫なトーネットの椅子は，家庭の食卓椅子やレストランの椅子として今なお生産され続けている（図7.1）．

　2) 日常性の美　産業革命によって市民の日常生活に大量生産の安い日用品が出回るようになると，その反動で機械化に対抗する新たな社会的傾向がイギリスを筆頭に生じた．中世的な精神に基づく芸術を讃えた批評家のジョン・ラスキンの著作，『建築の七燈』（1849年），『ヴェネツィアの石』（1851〜53年）が，

図7.1 大量生産されたトーネット製の曲げ木椅子

図7.2 ウェブ設計によるモリスの自邸「赤い家」

啓蒙上において大きな社会的反響をよんだ．ラスキンの影響によって，工匠の職人的な芸術を理想として博学多才のイギリス人，ウィリアム・モリスが，生活とともにある手工芸品の中世復興を目指した．モリスは自邸の家具を選ぶ際に粗悪な工業品しか見いだせなかったことから，1861年にモリス・マーシャル・アンド・フォークナー商会（のちのモリス商会）を設立し，友人たちと家具や壁紙，ステンドグラスなどのデザインと制作を開始した．モリスの自邸であったフィリップ・ウェブの設計による「赤い家」（1859年）は，職場から分離された住居専用の都市住宅で，サラリーマンの住居モデルとなっていくいわゆる郊外住宅の先駆である（図7.2）．このような産業革命以降の中産階級を対象とした住宅設計の興隆は，イギリスにおいてドメスティック・リヴァイヴァルと称されている．日常生活とともにある有用性の美をモリスは小芸術(レッサー・アーツ)と称したが，その志向は室内装飾に終始せず住環境を包括するものであった．またモリスは古建築保存運動といった社会活動を行っており，現代に至る生活空間上の問題提起を多く示した．

3） 世紀末芸術——建築から工芸品まで モリスによる手工芸の復興は，アーツ・アンド・クラフツ運動とよばれる工芸運動に発展し，イギリス国内ではグラスゴーで活躍したチャールズ・レニー・マッキントッシュに影響を与えるとともに，他のヨーロッパ諸国に波及した．モリスは自然にある造形，とくに花鳥をデザインのモチーフとしたが，大陸側では水性植物がもつような曲線，S字曲線が誇張され，世紀末の病的で退廃的な傾向を示しながら，アール・ヌーヴォー様式へと発展した．この新しい感覚の装飾は1880年代のフランスでは文学上の

図7.3 ワーグナー設計によるウィーンの都市住宅，マジョリカハウス（1890年）

象徴主義(サンボリスム)と連動しながら流行し，建築・住宅から家具・食器・絵画・ポスターなど広い分野のデザインに影響を与えた．アール・ヌーヴォー様式を印象づけるパリの地下鉄入口は，エクトール・ジェルマン・ギマールによるもので，うねる曲線が鋳鉄(ちゅうてつ)で表現されている．このアール・ヌーヴォー様式という呼称は美術商サミュエル・ビングが開いたパリの店舗「アール・ヌーヴォー」に由来しているが，その後ヨーロッパ各国の独自の文化を背景に，名称，デザインともに表現方法が多様化した．たとえばドイツ・オーストリアではユーゲント・シュティール，イタリアではリバティ式，スペインのカタルーニャ地方の都市バルセロナではモデルニスモという具合である．モデルニスモの建築家としてはアントニオ・ガウディが知られている．またウィーンでは1895年に『近代建築』を著した建築家，オットー・ワーグナーの活動が国内外の建築デザインに影響を与えた（図7.3）．同じ頃，ウィーンでは若手建築家を中心にウィーン分離派（ゼゼッション）とよばれるデザイン運動がおこったが，そのメンバーの1人ヨーゼフ・ホフマンはイギリスの影響を受け，建築から工芸品まで広い分野で活動を行った．

b. スラム問題・ユートピア思想から田園都市へ

産業革命による社会構造の変化に伴って，19世紀前半のヨーロッパ諸国では約2倍に人口が増加し，各都市では中世以来の都市構造が大改変される時期を迎えた．この大都市の出現を祝すように各都市において競って博覧会が催されたが，一方で労働階級の住居においてはスラム問題が生じた．

1) 19世紀の都市改造　　大都市の改造としてまずイギリスでは，ロンドンの建築家ジョン・ナッシュが，ピクチュアレスクの概念に基づき都市を風景ととらえる手法で，リージェント・ストリート（1812〜30年）の整備を行った．フランスでは，ナポレオンIII世が1853年セーヌ県知事に着任したオースマンに，皇帝の都市にふさわしいようバロック的な都市計画手法でパリの大改造を行わせた．これに平行してウィーンでは，時の皇帝フランツ・ヨーゼフが，ローマ時代以来の都市城壁をとり壊して街路樹を配したリング状の通りをめぐらした．リングシュトラーセと称されるこの通りに沿って各歴史様式を反映した公共建築物が建設され，宮殿を中心にした壮麗な都市改造の成功をみた．ドイツの新都市ベルリンもまた19世紀に飛躍的に発展した都市であり，建築家カール・フレードリヒ・シンケルにより新古典主義の建物がランドスケープを意識しながら建設された．このような都市改造によって拡大した都市において，交通機関の発展が都市と郊外の領域を明確にし，郊外における新たな住生活が展開していった．

2) 理想都市生活の構想　　都市改造によって都市は近代的なスケールへと移り変わったが，壮大な街並みが生み出される一方で犠牲となっていったのは労働階級の生活であった．それゆえ1851年ロンドンで開かれた第1回万国博覧会においても，労働者住宅の改善に向けてそのモデル住宅が提案された．企業家の中には工場と労働者住宅の一体化した街を計画してユートピア思想を推進する者もいた．またロバート・オーウェンやクロード・アンリ・ド・サン＝シモン，シャルル・フーリエといった思想家が，商店，教会，学校，図書館などの付属施設を整備した未来社会を説き実験的な都市を建設した．スコットランドのニューラナーク（1813年，オーウェン）はその先駆的な試みによる都市のひとつである．

このような理想都市へのイメージから，イギリスではエベネザー・ハワードが1898年著書『明日』において「田園都市（ガーデン・シティ）」の思想を著した．想定された都市は独自のダイアグラムに基づく同心円状の都市で，中世都市の規模を理想とし，人口が3万人程度，農地，緑地，工場を備えた自立的な町づくりを目指すものであった．このような構想によりハワードはロンドンから汽車で1時間程度のレッチワース（1903年），ウェルウィン（1919年）の町を建設し，産業革命を経た新しい住宅のあり方を模索した．この田園都市思想は20世紀において，欧米，そして日本の住宅地形成にも影響を与えた．

7.2　ダンディとクリノリン

a.　イギリスにおける男性の生き方，女性の生き方

　18世紀末のフランス革命以降，ヨーロッパ社会の構造は大きく変化を遂げている．一部の特権階級であった王侯，貴族階級は消滅はしていなかったものの，階級制度にその身を保護されているとはいえなくなった．代わって社会の中心には経済活動の勝者が進出してくるようになった．イギリスの産業革命以降，知恵と努力とで成功を収めるチャンスが，市民階級にも与えられたのである．

　だが，この新しい社会において男女の性差はむしろより一層厳密なものへとなっていった．男女の主従関係は階級差が少なくなった以上に人々に大きな制約を与えた．男性は家長として家庭の経済を握り，社会的活動の顔になった．当時の会員制のクラブは女性には門戸を開かず，男性だけの重要な社交の場となった．

　一方女性は男性に追従すべき存在とみなされた．とくに19世紀中期のイギリスでは慎ましやかさを美徳としたヴィクトリア女王の道徳観が強く影響して，女性は「家庭の天使であれ」と教育された．強い男性とか弱い女性，体力はもとより知力においても女性は男性にかなわない存在であれと教育されたのである．

b.　ダンディという精神

　英和辞典にてダンディ（dandy）という言葉の意味を調べると，次のようになる．
　1. しゃれ者，だて者，2.〔俗〕とびきり上等なもの

　今日，ダンディなと形容される男性のイメージは，ロマンスグレーのヘアスタイルで高級そうなスーツに身を包んだ男性，あるいはクールな表情でハードな革のジャケットを着こなした男性など，多様かつ曖昧である．

　ダンディの精神は19世紀初期にロンドン社交界に君臨したある1人の男性，ジョージ・ブライアン・ブランメルの美意識や生きざまにさかのぼる．ブランメルの社会的身分は郷士という特別に高い身分ではなかった．しかし，その卓越したセンスを買われて時の皇太子ジョージ4世の寵愛を受け，社交界の寵児となった．彼の意識は身分や既存の価値観といったものに左右されない．彼の重視するものはただ1つ，己の趣味に合うことだけである．傲慢なほど大胆な態度，優雅な振る舞い，スピリットの効いた言動は社交界の人々を強く魅了した．彼は最上の品質を選び出す目をもち，人々は彼の選択を最上級の価値基準とみなした．

c. ダンディの装い

　生活のすべてに最上級というこだわりを示したブランメルの装いはどのようなものであったのか．18世紀の宮廷ファッションから，革命期を経ての男性服飾の最大の変化は，かつては平民の労働着であった長ズボンを上流階級の紳士たちも着用しだしたことである．さらに彩り鮮やかで光沢を放ったシルクに細密な刺繍を施したジュストコール（上着）を脱ぎ，ダークな色調のウールの衣服を身に着けるようになった．ただし，これは単純に華麗なる宮廷文化を否定する意味ではなく，そこに新たな男性の美意識を見いだしていたのである（図7.4）．

　ブランメルは衣服の色彩や装飾を否定する代わりに最高級の品質の生地と最上級の仕立てのテクニックとを要求した．そのシルエットは完璧なる身のこなしを演出するべく，身体のラインにジャストフィットするカッティングを目指した．男性の身体のラインへの意識の高まりは，肥満を嫌い，コルセットの着用につながった．ブランメルのこだわりは，自分の手にフィットする手袋を仕立てさせるために親指専門の職人を選び出したといった逸話を生んだ．また，ブランメルはその衣服の手入れにも最高水準を望んだ．ダークなスーツと対極的なシャツの白さを際立たせるために田舎で手洗いをさせたり，ブーツをシャンパンで磨かせたという．さらに，その着こなし，身支度こそがブランメルが周囲の人々に一目置かれ，後世にダンディの祖として名を残したゆえんであろう．品質のよい優れたデザインの衣服も，その着こなしによって価値は左右される．ブランメルは最高

図7.4 ダンディな男性（1820年）　　**図7.5** ロマンティックスタイル（1834年）

級の衣服をさらに完璧に着こなすことを旨とした．それは奇をてらって周囲の視線を集めるためではなく，身体と衣服の調和を重視したさりげない着こなしであった．ネッククロスをごく自然にみえる完璧な結び方に仕上げるために何時間も費やしたという逸話もまた有名である．最上の品質と，完璧な着こなしや立ち居振る舞い，かつさりげない自然体の演出こそがブランメルのダンディズムであった．

今日のブランド信仰のように物質や衣服に振り回されている姿はダンディとはいい難い．衣服を見きわめ自分のものに消化してこそダンディな装いなのである．

d. ロマンティックスタイルと産業革命

19世紀初頭のエンパイアスタイルのシンプルなシュミーズドレスには，1810年代後半よりしだいにレースやフリルの装飾が多く施されるようになった．1820年代，30年代にはその傾向が顕著となり，当時の情緒的な感性を重んじた文学，芸術運動と名を同じく，これらはロマンティックスタイルとよばれた．ウエストの切り替え位置は正常位に戻り，大きく膨らませた袖の形とドーム型に広がったスカートの組み合わせで，ボリュームのあるシルエットも特徴的である．甘美なものを追い求める表現の特徴はリボン，レース，花飾り，フリルの重なりによる過剰なまでの装飾方法にある．愛らしく優美な装飾により，女性の可憐さ，たおやかさを演出していたのである（図7.5）．

さて，前世紀の宮廷服飾もまたパニエでスカートをひろげ，リボンやレースの装飾を愛好していた．しかし外形上は類似していても，両者には決定的な違いがある．18世紀の装飾品は熟練した職人による精緻な手工芸品であった．一片のレースやリボンに気の遠くなる時間を費やした希少品ともいえる．しかし，19世紀初頭の産業革命を境に，これらのものも機械生産が可能になり，その生産量は圧倒的に増大し，価格も安価になった．華麗なロマンティックスタイルは経済力をつけた市民階級にも手の届くものになったのである．

e.「籠の鳥」の女性

「籠の鳥」という表現がある．それは「身の自由を束縛されている者」という意味をもつ．19世紀の半ばに大流行した大きな鳥籠状のクリノリン（crinoline）を身に着けた女性たちはまさに「籠の鳥」であった．

1830年代頃から再び流行しだした大きく裾が広がったスカートのシルエットを調えるためにその下にはペティコートを重ねたが，1840年代初頭に馬の毛（仏：crin）を緯糸に織り込んで硬く張りをもたせたペティコート，クリノリン

が考案された．さらに1850年代後半には鯨のひげや針金の輪を水平方向に何段もつないだ新型のクリノリンが考案された．これは従来のものと比較して軽量で，着脱が容易であったのでさらにスカートの広がりを大型化することが可能になった．大型化したスカートはコルセットでほっそりと整えた上半身の華奢な印象をより一層強める効果を示した．同時に下半身の本来のシルエットを消し去り，先に述べた装飾品で飾り立てた人工的な造形物として女性の身体はつくり上げられたのである．女性たちの熱烈なクリノリンの愛用は1870年代まで続くが，巨大化したクリノリンはパンチ誌でもしばしば痛烈な風刺の対象にもなった（図7.6）．

f. バッスルスタイルへの変化

造詣物的なシルエットの構築は，続いて1870年には後ろ腰の上部を膨らませるトゥルニュール（バッスル）を使用するようになる．クリノリンによるスカートの広がりを後方に移動させたのである．サイドをすっきりとさせたスタイルはしだいにスカートをタイトなシルエットへと変化させた．クリノリンのシルエットと比較してみると，ヒップのボリュームを強調したり，腰部から脚部にかけてのラインを暗示する曲線的なシルエットは，当時の道徳観からするととてもはしたないスタイルと非難されることもあったのである（図7.7）．

19世紀の服飾は女性のあり方を象徴している．それは男性に愛されるべき存在としての女性である．ダンディズムは人目を引くことを嫌い，自然体を目指した．一方，人工的なシルエットと装飾品で華やかに着飾った女性は，男性にとってはステイタスシンボルとして男性に華を添える存在であったのである．

図7.6 クリノリンスタイル（1860年）　　**図7.7** バッスルスタイル（1875年）

🍴 7.3 レストランの出現

a. 革命後のパリ

1) レストランの台頭　18世紀末のフランス革命と前後して，宮廷や貴族のものであったフランス料理が徐々にレストランの形で一般に広まっていくことになる．

それまで外食は，ホテルのような宿泊施設による宿泊者共同のバイキングのような形式での提供はあったようであるが，食事を十分に満足させる施設ではなかった．レストランの語源は restaurer（元気を回復させるの意）で，ブイヨンの原型とされるポトフのような，肉，野菜，骨を煮出したスープを出すことから始まった（1765年 レストラン「ブーランジェ」）．現在につながる洗練されたレストランは，1786年パリ奉行による命令「レストラン経営者および仕出屋は，冬は夜10時まで，夏は午前零時まで，客を迎えて食事を供することが許される」により，同年ボーヴィリエが，1791年にはメオがパリに開いた．どちらも貴族の料理長を務めていた．その後はすぐに，パレ＝ロワイヤル界隈ではそこがレス

図7.8　スープとポトフ

トランで埋まるほど多くのレストランが開店した．その中で現代まで残るものは，「グラン・ヴェフール」のみである．1804 年『美食年鑑』でグリモ・ド・ラ・レニエールがパリにおける最良のレストランのリストアップをしているが，この伝統は現在のミシュラン，ゴー・エ・ミヨーのガイドブックに通じるものである．

2) 美味の追求　19 世紀初頭の 1825 年，当時高級官僚であったブリア・サヴァランが『味覚の生理学』という本を書き，このアフォリスムは現代でもよく引用される．また，グラン・ヴェフールの主人レイモン・オリヴェ『フランス食卓史』，当時の名だたる料理人であったアントナン・カレーム『フランス料理の技術』は，イタリアに始まる古典料理の流れをフランス的な体系に整理し，フランスの古典料理の典型をまとめた．1867 年アレクサンドル・デュマが料理の事典『料理の本』など数々の料理関係の本を書くなど，フランス料理は，ますます発展していく．19 世紀の終わりに，「ホテル王」セザール・リッツと料理人の王といわれたオーギュスト・エスコフィエのコンビは，ホテル界と料理界に多大な影響を与える．1890 年ロンドンのサボイ，カールトンをはじめ，フランスのリッツはイタリア，スペイン，ハンガリー，アメリカにまで系列のホテルができるほどであった．1902 年オーギュスト・エスコフィエは宮廷やホテルの料理人たちの 5000 にもわたる料理レシピを掲載し，それまで勘と経験にたよっていた料理を科学的にとらえ，学問的に体系化した『料理の指針』を出版した．これは，その後ホテルやレストランで働く料理人のために大変参考になった．その後 1938 年に書かれた，プロスペール・モンタニエとアルフレッド・ゴットシャルクによる『ラルース美味学辞典』は現代でもフランス料理を志す者にとってのバイブルとなっている．

b. 19 世紀のイギリスの生活

1) オーブン・レンジ　19 世紀のイギリスは，産業革命により，生活に変化がみられた．17 世紀からの暖炉はまだ使用されていたが，1815 年，ヴィクトリア朝の密閉式レンジや黒い大型レンジの特許が取られ，1840 年頃製品として普及するようになる（図 7.9）．暖炉では煮込みが中心となるが，オーブンでは肉のローストやパンが焼け，上のレンジに鍋がかけられ，ソースが同時につくれるようになった．しかし，灰をかきだすなどの掃除は大変であった．

イギリスのプディングは種類が多く，布に包んでぶら下げるような形がオーソドックスであるが，これは，暖炉で肉を煮ているところに，つけあわせやデザー

トのプディングを布にいれて，同じ鍋でゆでたりしていた名残である．

2) アイスボックスの登場　19世紀以前の製氷室は，大きな屋敷の地下につくり，冬の池・川・運河の氷を切り出して入れ，2枚の扉で仕切り，外は日陰になるよう木などで日光を遮るものであったが，1830年頃から家庭用アイスボックスが登場した（図7.10）．アイスボックスは木製で，内側には亜鉛かスレート（石版）が張られ，内張りと外側の木の部分の間には断熱材としてフェルトか灰，木炭が入れられた．アイスボックスの登場により，家庭でアイスクリームなどの氷菓もつくることができるようになった．

3) 粗悪品と代用品　当時まだ高価であった紅茶やコーヒーなどは，混ぜ物をした粗悪品が出回った．たとえば，出がらしの茶葉を熱した板の上で乾燥させ，着色する．緑色には，銅を含む染料，黒い色には，ログウッド（マメ科の木．ポートワインの水増しにも使われていた）が用いられた．再生紅茶は，「安物売り」の店に卸されて，そこから下層階級の人たちに売られた．コーヒーは，「茶色い水のひどい飲み物」といわれるものもあり，セイヨウトチノキの実からつくられるタチナタ豆のコーヒーであったりした．牛乳はしばしば水で薄められ，馬

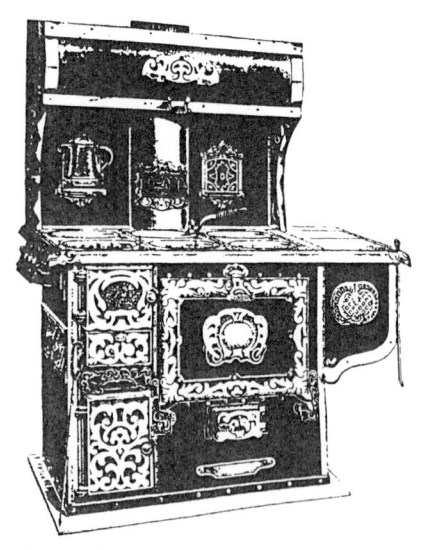

図7.9　オーブン・レンジ（ヒューズ，1999）
上がレンジになっている典型的なオーブン．装飾を施されている部分は毎日磨かなければならなかった．

図7.10　アイスボックス（ヒューズ，1999）

肉やロバの肉が牛やマトンと称して売られていたり，砂糖に砂を混ぜる，パンを白くするためミョウバンや石灰を混ぜるなど，有害なものもあり，消費者は気をつけて購入する必要があった．

4）階級と食事　階級の差ははげしく，下層階級の人は，1日15〜16時間労働し，裕福な人は5時間くらいしか働かない人もいた．貧乏な人の食事は，パン，チーズ，茶，ビールが主で，たまに肉や魚を食べる程度であった．職人の食事は，パン，チーズ，茶，ビールにバターや肉，野菜も少し食べる余裕があった．地主は，朝食にケーキ，ラスク，茶，コーヒーまたはチョコレート，1時間後にシェリー酒とビスケット，昼の正餐は，鳥肉，鹿肉，ハム，プディング，豆，イチゴ，アンズ，夜食は，各種冷肉であった．裕福な人の正餐は，ビフテキ，七面鳥，ゆでた羊の頸肉，青野菜，スープ，プラムプディング，サケ，サラダ，タマネギ，仔牛のヒレ肉，豆類，ブラマンジェ，オランダチーズ，クリーム，アップルパイ，マッシュ・テリーヌ，カニ，チーズケーキ，干しブドウ，グーズベリー，オレンジ・バター，デザートに木イチゴとクリーム，砂糖菓子とジェリーというようにかなり差がみられた．食器も，貧乏人は木製の大皿やカップ，ボールを用い，裕福な人でないと陶磁器やガラス製品は使用できなかったなど，依然として大きな開きがあった．

図7.11　イギリス，地方のtea（スコットランド）

8. 市民の生活3［アメリカ19世紀］

8.1 夢のアメリカンホームを求めて

a. 19世紀アメリカ人の住まい観

1)『大草原の小さな家』にみる住まい　ローラ・インガルス・ワイルダーの著書"小さな家シリーズ"には，19世紀アメリカの大草原や森で暮らすインガルス一家の開拓生活がつづられている．中でもロングランとなったテレビドラマの原作である『大草原の小さな家』は，日本でも大変な評判をよんだ．

"小さな家シリーズ"に描かれるインガルス一家の住まいは，未開の地を求める父さんの夢とともにさまざまな地へと移動していくものだった．父さんが建てた丸太小屋（図8.1）は，1階の調理，食事，団らんスペースと2階の就寝スペースが一体となった小さなひとつながりの空間であった．夜になると父さんがヴァイオリンを弾き，赤々と燃える暖炉を囲んで母さんと子供たちも一緒になって歌を歌ったり，その日の出来事に話をはずませる．ときには友人や親戚を招いて食事をするといった，質素ながらも幸せな光景が広がっていた．

身近な材料を使って住まいをつくったり，留守中の友人の家やお店を借りて暮らしたり，行く先々で一時的な住居を設けたインガルス一家も，最終的には終の棲家を手に入れた（図8.2）．そこには，居間，食堂，台所のほかに，家族それぞれの寝室や客用の寝室までもある夢のアメリカンホームが実現されていたのだった．

図8.1　「大草原の小さな家」1869年（Leslie A. Kelly 撮影；アンダーソン，1988）

図8.2　インガルス一家の最後の家 1887年（Leslie A. Kelly 撮影；アンダーソン，1988）

2) アメリカらしさの確立　19世紀アメリカでは，インガルス一家のように特定の場所に根を下ろさない生活があった一方で，デザインされた住宅を私有地に建てようとする概念が確立していく時代でもあった．また，『アンクル・トムの小屋』などで有名なハリエット・ビチャー・ストウや，その姉で家政学の創始者であるキャサリン・ビチャー・ストウを中心に，女性の社会的，政治的立場が主張され，住宅における家事労働の軽減への関心が高まっていった時期でもあった．1776年の独立以後，イギリスをはじめオランダ，スペイン，フランス，ドイツなどヨーロッパ諸国の影響を受けてきたアメリカだが，しだいに様式の価値を無視した単なるデザインの引用ではなく，本来のアメリカらしい建築様式やライフスタイルを求める機運が高まっていったのである．

b. アメリカンホーム獲得への動き

19世紀，そして現在のアメリカ人の住まいや住宅地の原型は，アンドリュー・ジャクソン・ダウニングの田園住宅によって形成されたところが大きかったといえる．19世紀前半，ダウニングは造園業を営むかたわら建築デザインの手引書や大衆向けの住宅書を出版し，住まいの建て方から機能，生活にわたって言及した．特定の場所に定住しない傾向にあった当時のアメリカ人の住居観に対して，ダウニングは住まいを安住の場として景観や敷地条件と結びつけるべきだと主張し，郊外にゴシック様式の住宅を建てることを提唱したのである．

1) 都市から郊外へ　ダウニングの勧めを受け，19世紀はじめから半ばにかけて，上流階級の人々は都市と郊外の両方に住居を構えるようになった．さらに中産階級の人々も郊外へと住居を求め，都市中心部には，労働者階級や貧困な人々がとり残される結果となった．18世紀末の産業革命到来と交通手段の発達が，それまで都市中心部に集約していた「住まい」と「働く場」を切り離すことを可能にしたのである．こうしたダウニングからの多大な影響もあって，当時アメリカ人は郊外に土地つき一戸建をもつことによって，アメリカンドリームを実現した真のアメリカ人になれると信じるようになった．

2) ヴィラとコテージ——階層と住宅様式　ダウニングは住宅様式として，労働者や職人には家族だけで生活するコテージ（図8.3）というシンプルな住宅を勧め，裕福な人々には複数の召使いを雇う生活を想定したヴィラ（図8.4）という形式を勧め，互いに自分の階層以外の様式を模倣することを否定した．この区別は，経済的に成功した者は素朴な住まいに芸術的な装飾を加えたヴィラを建

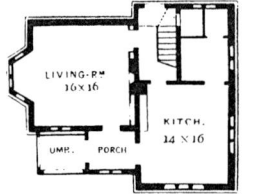

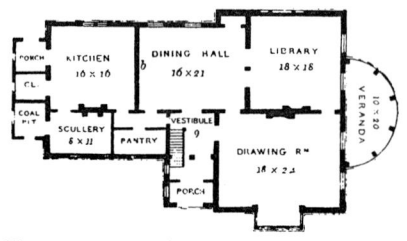

図8.3 ゴシック様式のコテージ（八木, 1994）　図8.4 イタリア風様式のヴィラ（八木, 1994）

てることができるが，贅沢な暮らしができない者は不相応な暮らしをしないように，という勤勉と倹約の戒めを示していた．

　また，内部空間にも明らかな違いがあった．コテージではひとつながりの空間となっていた1階の居間は，ヴィラでは客間，食堂，父親の書斎などに細分化された．台所には調理スペースのほかに食料貯蔵室，食器洗い室，ポーチなどが付随し，用途ごとにスペースが分けられた．2階の寝室には育児室や客用の寝室，化粧室，浴室などが加わり，屋根裏には使用人の部屋も設けられた．さらに温室，洗濯室，ベランダなどを加えると，ブルジョワジーの住まいが完成する．社会的な地位を獲得することで，労働者用のシンプルな住宅であるコテージから，複雑な間取りや贅沢な装飾を施したヴィラへと移ることができるのである．

3）アメリカンホームの生活空間　理想的なアメリカンホームとは，社会の労働から逃避した安らぎの場であり，プライベートな場であり，暖炉のそばで宗教教育を行う信仰の場でもあった．また，産業革命の進展によって，布織りや洋服づくりなどの家内仕事の必要性が薄れた代わりに，子供の教育の場として子供たちが楽しく暮らせる環境をつくり，家族の才能を伸ばしていくところでもあった．これらを表現するため，プライベートスペースとパブリックスペースを明確

に分けることに関心が寄せられた．

　プライベートスペースについては，家族全員が集まって食事をする食堂は家族のための部屋として使われ，家族が心地よく団らんの時を過ごせるように美しく装飾し，機能性も備えていた．食堂の背後，あるいは地下には台所が配置され，使用人が外部の人に姿をさらすことなく台所を出入りできるように専用の階段が設けられた．そして2階の寝室も，階段によって完全に1階とのプライバシーが保たれた．2階は女性のスペースとされ，母親は寝室を読書や針仕事のために使い，赤ん坊が夜泣きしても睡眠が妨げられないように，1部屋は育児室として使われていた．

　一方パブリックスペースとして，父親の書斎は読書や勉強をするための部屋という本来の用途とは別に，自分たちが教育と教養を備えていることを来訪者に示す場となっていた．そのため，書籍の並べ方や装飾には一層注意が払われた．また，家の正面側にあるパーラーやドローイングルームは，家族がくつろぐ場ではなく社交の場として使われ，来訪者に住人の品格を伝えるために装飾が施された．さらに芝生でおおわれた前庭は，パーラーの延長として豊かさのシンボルとなっていた．家事や洗濯には裏庭を使い，前庭はあくまでも住まいと外界をつなぐパブリックなものとして木が生い茂り，美しい芝生の上で子供たちが遊ぶ，という田園風景を求めて丁寧に手入れされていた．住まいの中でも多くの部分を占めるこれらのパブリックスペースは，来訪者をもてなす場である一方，住宅様式が住人の階層を示したのと同じように，周囲の人々に対して自分たち家族を表現するための場として，重要な役割を果たしていたのである．

c. アメリカンホームの理想像

　階層によって住む場所，住宅様式，生活空間の質を決定して周囲に明示することは，アメリカンドリームを獲得しようとする者たちの向上心をかりたてた．そして産業の飛躍的な発展により装飾が多様化する傾向にあっても，ダウニングによってつくられたアメリカンホームの理想像は求められ続けた．住居を転々としながらも常に住まいの中に宗教，教育，団らんの場をもち，最終的にはヴィラと同等の生活空間を得ることができたインガルス一家の生活には，19世紀のアメリカ人が抱いていた理想の住まい像があったのかもしれない．

8.2 ミシンと既製服の誕生

a. アメリカにおけるミシン産業の発達

　ミシンの誕生についてはいろいろな説があるが，産業としての産声をあげたのは，1850年代アメリカにおいてである．アイザック・メリット・シンガーは，1851年にシンガー社を創設し，現在の本縫ミシンの原形となったミシンの生産に成功した．しかし，新聞広告に掲載された初期のミシンの価格（50〜150ドル）は，当時の労働者の平均年収と比較して高価であり，一般への普及には至らなかった．新聞広告によれば，1858年の段階において，すでに10〜20ドルという低価格のミシンを提供したミシンメーカーもあったが，縫い目がほつれたり，切れたり，ミシンとしての基本動作を満足するにはほど遠いものであった．こうして誕生したミシンメーカーは，ミシンをいかに普及させるか，そのための活動を始めることになる．

　販売当初，人々は初めて見る機械に大きな戸惑いを感じたに違いない．当時の新聞には，ミシンという新しい縫製機械についてさまざまな広告が掲載された．そこには，手縫いに代わり非常に早く，しかも連続的に縫える革新的機械であること，誰にでも操作ができることなどが説明された．図8.5に示す広告では，1850年代ではまだ珍しいイラストが使用され，縫い目の美しさを説明している．わかりやすい性能の解説として「1分間に1000針，8ヤード縫える」，「縫い子6〜8人分の仕事をこなすことができる」などの表現がある．これらの広告には一

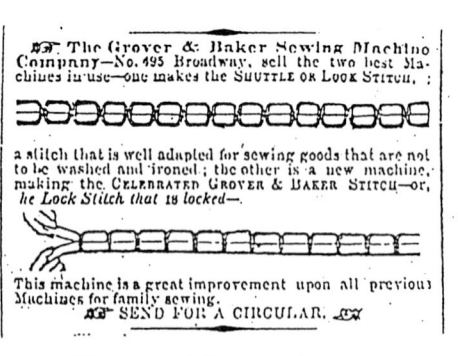

図8.5　1850年代のミシン広告の例
The New York Times, 1853年10月17日.

般的に広告内容と会社名と住所が明記された．いくつかの広告では，それに加え，公開実演の案内が読者によびかけられていた．町々へ出向いての実演活動は従来から細々と開催されていたが，シンガー社をはじめとするミシンメーカーは，自社での実演に加え，こうしたデモンストレーション活動を拡大してミシンの普及に努めた．その結果，1850年から1860年にかけて，主に紳士服飾品，衿やシャツの工場と夏用ズボンなど薄手の衣服を製造する家内制手工業でミシンの導入が始まった．当時の家内制手工業では，父親が手縫いとミシン縫いを担当するなど，ミシンを操作したのは主に男性であった．ミシンで縫製される既製服は，ミシンの縫製上の問題も含め，まだ安物とみなされていた．

b. 南北戦争の影響

歴史的にみると，南北戦争（1861～65年）によってミシンの効率が試され，成功をおさめたといえる．戦場へ向かうための軍服，軍用コートなどの急激な需要増加は，それまでの手縫いによる供給では対応しきれない深刻な状況をもたらした．そこにミシンが導入され，その効率が試されたのである．ミシンの普及を模索していたミシンメーカーにとっては，渡りに船となった．ミシンの効率について，ニューヨークタイムズ紙（1859年12月3日）のウィラー・アンド・ウィルソン社の広告を例にみてみよう．単純なズボン縫製を取り上げると，手縫いで5時間14分かかっていたものがミシンでは51分で縫い上げられたという．当時流行のフロックコートは，手縫いで16時間35分であったものがミシン縫製によると2時間34分に短縮できるとあった．まさに，この縫製効率によって南北戦争時の軍用物資の供給がまかなわれたといえよう．

c. 南北戦争後と既製服産業の始まり

南北戦争を境にミシン産業は，最初の転機を迎えた．アメリカ国勢調査によるとミシン産業の生産高は，1860年には440万ドルであったものが，1870年には1600万ドルに増加し，10年間におよそ260％という飛躍的な伸びを示している．この急激な生産高の増加は，次のように説明できる．まず，南北戦争の特需を契機にミシンの実用性が広く社会に認識された．その結果，南北戦争後には，多くの帰還兵が着る既製服需要を満たすため，紳士既製服産業にもミシンが導入された．さらに，古着ではなく新品の衣服への関心が市民に広まるとともに，零細なテーラーにまでミシンが導入されるようになった．

1870年代になると衣服製造業に分業制が取り入れられ，産業の形態に変化が

現れた．この分業制において，ミシンオペレーターとして安価な労働力である移民女性たちが雇用され始めた．ミシンの十分な縫製能力に支えられ，安物とされていた既製服に質的変化が進んだのもこの頃である．当時の新聞広告をみてみよう．図8.6に示したデブリン社の広告にみられるように，装飾文字による社名広告とともに"READY-MADE CLOTHING"と宣伝する衣服産業が現れ始めた．既製服であることを堂々とアピールするこうした広告から，既製服は安物であるというそれまでの考えに変化の生まれる兆しがくみとれよう．

1880年から1890年にかけて，工場方式を取り入れた従業員数200人以上の紳士服産業が出現した．こうした紳士既製服産業に加え，婦人服産業やコルセット製造業などにおいてミシンが使用された．ミシンを使う縫い子の賃金は週に数ド

図8.6 1870年代の既製服広告の例
The New York Times, 1870年11月23日．

図8.7 1890年代のミシンの例
Montgomery Ward & Co.'s Catalogue, No. 57, 1895．

図8.8 1890年代の紳士服広告の例
The New York Times, 1890年5月18日．

図 8.9 1900年代の婦人服広告の例（部分）
The New York Times, 1900年5月20日.

ルであった．裁断やアイロンかけの担当者よりも 5〜10 ドルほど安く雇われていた．工場の分業制と安価な労働力を背景に，衣服産業の需要に伴うミシンの改良が進み，性能が向上した．縫製能力の増したミシンを積極的に導入することで，衣服産業の生産高はこの時期に急増していく．

　ミシン産業と既製服産業の密接な関係は，1890 年から 1900 年までの 10 年間でさらに発展を遂げる．その背景には，新聞広告やファッション雑誌などマスメディアの発達に伴う消費購買意欲の向上がある．ミシン産業の生産高は 1890 年の 1500 万ドルから 1900 年の 2100 万ドルへと約 40％増加し，第 2 の転換期を迎えた．この頃のミシンは図 8.7 のような足踏み式ミシンである．その性能については，1898 年のデータによると，手縫いで 10 時間かかるコートがミシンでは 40 分で縫製でき，ズボンは手縫いで 4 時間 20 分かかるものがミシンでは 39 分で縫い上げられた．このミシン性能の向上に支えられ，衣服産業もまた展開を遂げる．ミシン縫製のしやすい服種の増加とデザインの多様化である．図 8.8 の広告例では，15 ドルの紳士用スーツについて 6 種類のデザインをあげている．また，ミシン縫製による量産は，図 8.9 に示す女性用シャツウエストのように，安価で購入しやすい工場生産型既製服の流行を招いた．衣服産業のミシンの導入により，テーラーによる高級な衣服からさまざまな既製服まで，幅広い価格帯の衣服が出現した．被服の世界に多様性が生まれ，それがマスメディアにのって消費者の購買意欲を刺激し，衣服産業の発展を加速した．そして，このことが 19 世紀末の市民の衣生活を豊かにしたのである．

8.3 西部開拓とアメリカンスタイルの確立

a. 人々の食生活

アメリカではメイフラワー号がイギリスから着いて100年余りで北部が開拓され，19世紀初頭にはニューイングランドを中心に産業革命がおこる．このようにヨーロッパに比べて急速な発展をみせたアメリカの人々は，さらに西を目指し開拓の手を緩めなかった．彼らは原住民族であるインディアンの力を借りてヨーロッパの食習慣を払拭するような新しい食文化を形成していった．

18世紀の食生活を記した記録によると，「皿は木で，ついでしろめ製（アンチモンが主成分の鉱物），最後は陶器」とある．また，「朝食はライ麦パン，作りたてのバター，そば粉のケーキとパイを食べ，感謝祭にはたくさんのパイを焼き，冬用にこれを冷凍しておき，3月までもたせた」とある．食品の冷凍技術はインディアンがすでに何世紀も前からパンやほかの食物を冷凍し冬季保存していたことから，アメリカの合理的な食生活に少なからず影響を与えている．

人々は自力で土地を開拓して家を建て，開墾し，自給自足の生活をおくっていた．開拓者たちはヨーロッパほど召使を雇えなかったので，炊事の合理化を図るためにさまざまな工夫，発明をしている．調理道具では，柄の長いフライパン，卵の泡立て器，ブドウの種とり，ジャガイモの皮むき，このほか，洗濯機もつくった．

北アメリカの発明の中で最も画期的なものは「アメリカンケーキ」である．1830年頃大量に出る薪の灰やトウモロコシの殻の灰からアクを精製し，料理用の重曹が発明された．その後ベーキングパウダーが出現し，機械挽きの砂糖と小麦粉の発明と合わせ，ケーキづくりに革命がおきたのである．

19世紀にアメリカで暮らしたヨーロッパ人がさまざまな記録を残している．イギリス人のフランシスト・トロロープ夫人は著書（1832年）の中で，アメリカの家庭では大量のベーコンを消費し，1日の食事に必ず，ハムとビーフステーキが出ることや，イギリスにはない食品の組み合わせとして，卵とカキ，ハムとアップルソース，ビーフステーキとモモの炒め物，塩漬け魚とタマネギをあげている．パンがおいしく，野菜もすばらしいと記している．魚についてはヒラメや新鮮なタラはないが，ロックフィッシュ（メバルやメヌケの類）とシャド（イワ

シ科の魚）があり，肉類ではカンバスバック（鴨の一種）は黒雷鳥（エゾ雷鳥）よりはるかに味がよく，キジやウサギはみることがない，と嘆いている．またテーブルマナー的な習慣にもふれ，テーブルクロスを片づける前にペストリー，果物，クリームなどのデザートが食卓に並べられるとか，晩餐会には婦人が混じることは珍しく，もし外国人が出席しても男女別に座ったことなどが書かれている．同様に作法については，1845年にボストンで出版された"Cooks own book"に，肉の切り分け技術のしっかりした知識がなければ主人役が務まらないとか，乾杯の仕方においては女性は男性から乾杯を受けたときに断るのは作法に反するなど細かく記載されている．

　この頃のアメリカ料理のコースメニューは，スープ，魚，種々の野鳥，種々のクリーム料理が並び，ピクルスなどで隙間をうめ，幾何学的に美しく盛りつけられた．第2のコースにはロースト料理や鳥のパイなどが同数並び，その後にお菓子のコースが続いた．初めにクロスを2〜3枚敷き，コースごとにクロスを替えていた．ナプキンの畳み方も19世紀後半に流行した．

b.　アメリカンスタイルの確立

　開拓者たちの日常生活は，大所帯でおくられていた．何マイルも鉄道を敷設したり，森林を伐採しながらの移動生活である．彼らにとって台所は家庭の中心であり，1830年代にはまわりを囲った料理用ストーブが現れた（図8.10）．また，

図8.10　料理用ストーブ（スチュワート，1990）

1840年には汽車にも冷蔵庫がつき，家庭用の冷蔵庫もしだいに普及し，塩漬け肉が冷蔵肉へと変わった．また，南北戦争（1861〜65年）で政府がコンデンスミルクや果物，野菜の缶詰を軍隊に供給したことからそれらが一般にも普及し，食物の合理化に拍車がかかった．

開拓が進められた豊かな土地にはさまざまな農作物が育ち，新しい食品を世界にもたらした．ワイルドライス，トウモロコシ，ジャガイモ，トマト，グワヴァ，メープルシロップ，キクイモ，ブルーベリー，七面鳥，オクラなどがある．また，19世紀には乾燥杏，レーズン，茶が東洋から，バナナは西インドから輸入され，またオリーブ，イチジク，パインナップル，クルミ，甘蔗糖，ホウレン草，大豆なども輸入され栽培された．

バーベキューがアメリカで行われるようになったのは1880〜1900年である．肉を大量に消費するために政治的な力が動いたともいわれている．これに使われる肉は割安の部位で，下味をつけてやわらかくするのが特徴である．オードブルに出される甲殻類のカクテルが普及したのは1870年代で，その後アメリカから全世界に広まっている．アメリカのスープといえば，クラムチャウダーやコーンスープがあげられる．チャウダーのうちクリームベースがニューイングランド風，トマトベースがマンハッタン風とよばれている．また，魚料理はトマトベースのイタリア風が多い．豆類ではブラックリマ，キッドニービーンズ，ピントビーンズが原産でスープやサラダに用いる．サラダ材料は，ボストンレタス，アイスベルグ，ビックレタス，ロメインレタス，エンダイブ，チコリなど種類が非常に多い．フルーツではリンゴ，グレープフルーツ，オレンジ，ネクタリン，プラム，ブドウなど豊富である．ブドウではワイン用のジンファンデル種，レーズン用のトンプソンシードレス種などはアメリカ独特のものである．

スープ	チャウダー：ニューイングランド風はクリームベース マンハッタン風はトマトベース
魚料理	甲殻類のアメリケーヌソース煮
肉料理	バーベキュー，ステーキ，ミートローフ
鳥料理	七面鳥（ハッシュドターキー，スモークターキー）
サラダ	ウォルドルフサラダ，シュリンプサラダ，アヴォカドサラダ

図8.11　アメリカの代表料理

c. アメリカ料理の由来

1) 感謝祭　最初の移住者 102 人がインディアンと友好条約を結んだ翌年に，収穫を感謝して鹿，鴨，七面鳥，トウモロコシパン，カボチャなどをもち寄って 3 日間続けられたのが始まりである．ニューイングランドに始まるこの感謝祭は，北部アメリカ人（ヤンキー）によって西部へ伝えられた．1863 年にリンカーンが国民の祝日に指定して以降は全米に広まった．七面鳥の丸焼き・クランベリーソース，カボチャのパイは欠かせない．

2) アイスクリーム　ジョージ・ワシントン大統領夫人が大事なディナーには必ず供した．1812 年の大統領再選祝賀パーティーでもクライマックスにアイスクリームが出され，以後全米に広まったといわれている．

3) ポテトチップス　サラトという人がスプリングのレストランでフレンチフライドポテトのイモをもっと薄くしろと客に注文され，怒って紙のように薄くして揚げたら客にうけ，以後，19 世紀のニューヨークで「サラトガチップ」の名で有名になった．

4) ホットドッグ　ドイツのフランクフルトが発祥地であるが，1880 年代にドイツ人のアントワーヌ・フォイヒトワンゲルがセントルイスで売ったのが始まりである．ハリー・M・スティーブンスがニューヨークのポロ競技場で「レッドホット」という名で売り出したが，ある漫画家が細長いパンにダックスフンドが挟まれている絵を描いたところから，ホットドッグの名前がついた．

5) カキ　19 世紀になってアメリカ人の食生活に登場するカキ（oyster）は，リンカーン大統領のイリノイ州の自宅で開く，oyster party の内容からもわかるように，焼いたり，ゆでたり，煮込んだり，とさまざまな調理法で楽しまれていた．

（以上 8.3 節の執筆にあたっては，長田（1992）を参考にした）

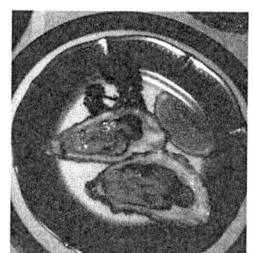

図 8.12　左よりニューイングランド風クラムチャウダー，カキ料理，ホットドッグ

9. 明治の生活文化

9.1 都市住宅とサラリーマン

a. 明治期の中産階級——サラリーマン

　明治期に入ると，日本の都市は大きな変化を遂げた．藩に代わって県が置かれ，県庁や地方の郡役所，警察署や学校などが洋風建築として建てられた．多くの産業がおこり，工場や大きな商店・銀行なども設けられた．かつての武士階級に代わって，これらの役所や企業に勤める人などの俸給生活者（サラリーマン）が，都市に住む「中流」市民層の大きな割合を占めるようになった．彼らの出身階層はほとんどが旧武士であり，武士的な伝統が彼らの生活規範であった．したがって，住宅も江戸時代以来の武家住宅を踏襲していた（図9.1）．しかもこの住宅形式は，士農工商の身分制度廃止に伴い，士族の生活に憧れていた士族以外の階層にも普及していったのである．

b. 都市住宅——接客本位の間取り

　これらサラリーマンが住んだ都市住宅の特徴を，キーワードをあげながらみていくと，以下のようになる．

　1) 間取りの全体構成　　間取りは，武家住宅である書院造りの流れをそのまま受け継ぎ，それを簡素化した都市型住宅である．この書院造りの特徴とは，接客・対面の場である主座敷・次の間を中心に構成されることである．またこの接客・対面の場は，南側の日当たりの良い場所に設けられることが一般的であり，一方家族が使用する部屋は北側に設けられていた．

　このような南側を接客に，北側を日常生活に使う南北の使い分けは，武士の時代に定着した習慣で，南を「ハレ」，北を「ケ」の空間とよんで2つの部分に区別している．「ハレ」とは晴れやかな公的生活の意味で，表玄関から座敷を構えた接客・儀礼用の公的な空間が対応し，これが居住者の財力や家柄・格式を示すものとして住宅の重要な部分を占めている．これに対し，「ケ」とは日常生活を意味しており，その空間は家族・住み込み使用人などの日常生活の場をさし，また住生活を支える家事・炊事のための台所や物置・納戸・土蔵などサービス空間を含むが，その中にも家族と使用人の身分的な差別を守る居住空間の分割がみられる．これらの間取りにおいて，接客空間と主人の居室ははっきりしているが，

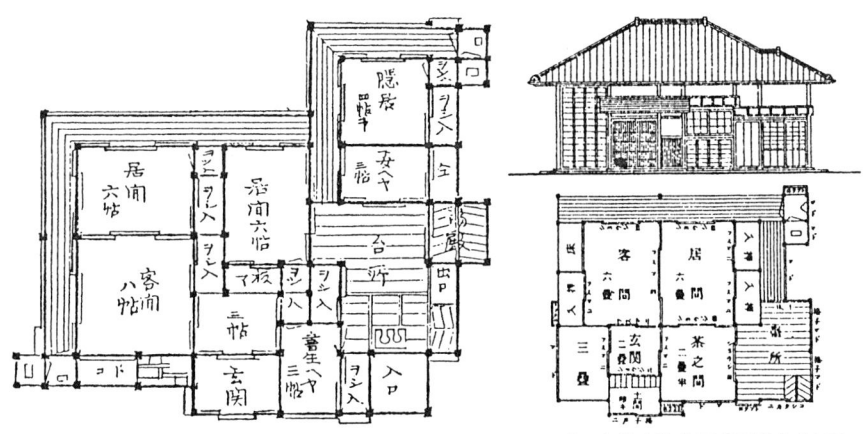

図9.1 中流サラリーマンが住んだ武士風住宅 (山下, 1984)

図9.2 『日本住宅建築図案百種』(大正2年刊) にみられる住宅 (平井, 1980)

主人と女中以外の家族の寝室をはっきり特定することはできない．

すなわち，書院造りの間取りにおいては，接客の場と家族生活の場が画然と分離され，あくまでも主人本位で格式的な接客を重視した間取りであった．しかし，この接客本位の間取りが，明治以降における日本の都市住宅の基盤を形成していくのである．

2)「続き間」と座敷　「続き間」とは，襖を取り払うと「座敷」と「次の間」がひと続きになる間取りのことをさし，主に冠婚葬祭といった非日常の接客に対応するための間取りである．とくに座敷は格式の高い主室であり，いつ不意の客が訪れても対応できるように整えられた特別な部屋であった．そのため，家族が普段座敷を使用することはなく，特別な冠婚葬祭などのとき以外に立ち入ることが許されなかった．たとえ規模の小さな住宅であっても，主人の部屋と兼用しながら必ず座敷が設けられた．

また続き間は，封建時代以来，本来対面の場であり，対面の主役はその家の主人であった．その場合，主人の方が来訪者よりも身分が高いことが普通である．

当時の接客の形式をみると，来訪者は玄関から入り，下座である次の間に座る．玄関から入ると，座敷の奥の壁面に座敷飾りがみえる．この座敷飾りは，奥から出てくる主人の背景となり，権威づけの舞台装置の役割を果たす．座敷飾りとは，すなわち，床（床の間），棚（違い棚），付書院のことであり，その家の格式を示すものであった．明治以降の住宅では，棚や付書院が省略され，床の間だけのこ

とも多かった．

3） 玄関　武家住宅における玄関は，武士の身分や格式を表すシンボルとして定着しており，玄関を設けることは武家と一部の特権階級のみに許されていた．しかし明治に入り，一般の中流住宅にも畳敷きの玄関がみられるようになった．玄関は，大きい家では4畳半，小さい家では2畳足らずの，畳を敷いているが居室には使わない部屋で，来客と挨拶をし，奥のほうへ通り抜ける空間である．しかしそれは，客を迎えるその家の格式を示す重要な構えの1つであった．

4） 茶の間　茶の間は家族が食事をするところで，たいてい台所に隣接する4畳半くらいの部屋である（図9.2）．そこは，都市庶民の家族が団らんをする，住生活の中心になる空間である．当時，家族の個室はなく，主人以外の家族は茶の間に集まり，主にそこで就寝したと思われる．つまり，個人的生活がまだ確立されておらず，家族成員間のプライバシーというものが人々に意識されていなかった．

5） 空間の融通性　これらの住宅において，各部屋は，襖や障子あるいは板戸で仕切られていた．それらの仕切りは，自由に取り外しがきくもので，必要に応じて適宜取り外せば，すべての部屋が1つの部屋になるきわめて開放的なものであった．部屋と部屋との接続は，一部，外廊下（縁側）によっているが，基本的には部屋を通り抜けていく形式になっている．

また各部屋の機能も座敷以外，あまり明確でなく，その時々の用途に応じて，家具や調度品を持ち込み，用事がすんだらまたもとの場所に戻すことにより，1つの部屋を食事室，居間，寝室などに使い分けていた．つまり当時の人々は，部屋の機能をとくに固定せず，空間の転用性を前提とし，季節や目的に合わせて部屋の飾りを変えて柔軟に部屋を使いこなしていたのである．

6） ガラスの登場と建具の変化　明治時代に入ると，透明で気密性の高いガラスという素材が文明開化とともに登場した．ガラスは，まず居留地に建つ洋館にガラス戸として用いられ，その後，役所や学校などの公共建築物，旅館，商店などから取り入れられていった．

これまでの住宅において，戸を閉め切ったまま外の光を屋内に取り入れる建具としては，障子とよばれる明障子（あかりしょうじ）が一般的に使われていたが，ガラスの登場により，明障子以上に室内を明るくすることができるガラス障子が誕生した．ガラス障子とは，ガラスと和紙を組み合わせた建具のことである．

当初のガラス障子は，明障子の一部に小さなガラスをはめ込む程度のものであったが，これまで日本人がつくってきた建具が主に視線を遮るものだったのに対し，ガラス障子は閉ざした障子のガラス窓を通じ，家の中から外を眺めることができるもので，室内の様相，人々の意識，心情などに画期的な違いをもたらした．このガラス障子は，便利な建具として明治半ば頃から大正期にかけて一般の住宅に広く普及していった．

7) 現存する「ネコの家」　さて，この頃の住まいとして愛知県の「明治村」に現存するものに，明治の文豪森鷗外と夏目漱石の2人が住んでいたとして知られる家がある．漱石は1903（明治36）年に入居し，この家を舞台に『吾輩は猫である』を書いたため，通称「ネコの家」といわれている（図9.3）．玄関を入ったところに6畳の次の間と座敷が続き間をもち，これらは書斎とともに日当たりの良い南側に面し，主人が生活する空間であった．これに対し，妻の居場所である茶の間，その隣りの6畳の子供室など，家族の部屋は北側に設けられている．なお，注目すべき点として，台所から次の間を通って茶の間に行くための短い中廊下があげられ，ここに後の中廊下型住宅の原型がみられる．

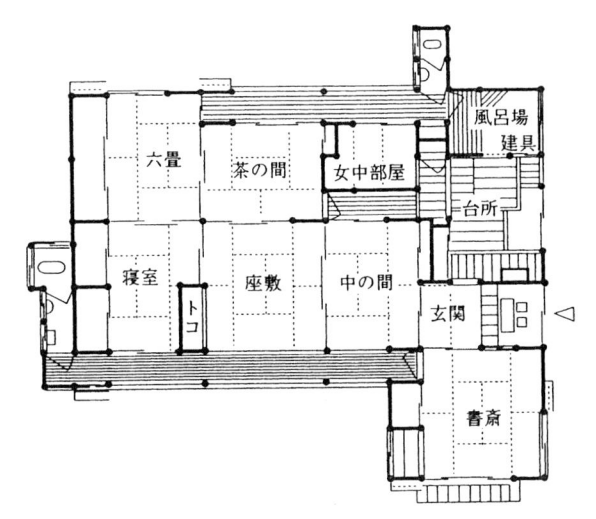

図9.3　「ネコの家」平面図（本間，1998）
1887（明治20）年頃，現在の東京都文京区千駄木に建てられたもの．

9.2 和服と女学生

維新後の衣生活は，上流階級や職業用のユニフォームとして，洋服が用いられるようになった．しかし，ほとんどの国民は，和服を着用していた．身分制度の崩壊や，外国からの文化の流入によりそれまでの着装方法に変化がみられる．男性については，職業服としての洋服の定着に対して，日常着としての和服，また女性については，時代の思想を映す鏡としての和服が存在する．また学制のもと，新たな階級として登場した女学生の袴に代表されるように，明治期の和服には，伝統と新しい文化の流れの中で独自の着装方法が存在した．

a. 和　　服

明治初期の和服は，当初江戸時代からの流れをくんで，地味な色合いや柄が好まれていた．男性においては，礼装は羽二重などの黒の五つ紋付羽織に黒羽二重などの三つ紋付きや無地の着物・仙台平などの縞の袴であったが，日常着としては，江戸時代までの身分制度がなくなったことを受け，羽織が幅広い人々に着用されるようになった．また，袴を着けない場合用には兵児帯が急速に普及し，丈の長い綿入りの書生羽織も流行しだした．防寒用の外套としては，とんびや二重廻しとよばれたインバネスや，江戸時代の長合羽の系統の角袖などが着用されるようになった．

女性においては，礼装は黒縮緬の五つ紋付き裾模様の3枚重ねに繻珍の丸帯で，男性の場合と異なり，羽織は略装であった．それ以外の和装においては，明治初期の地味な色合いや柄が，しだいに派手になっていった．また，東京では山の手と下町では好みに大きな違いがみられるようになり，その特徴的な服飾は，それぞれ山の手風・下町風と形容された．若い女性の間では防寒用に綿入りの書生羽織も着用された．

材料としては，縮緬が礼装用の紋付きや無地，紋織，縞物と広く用いられ，日常着用には銘仙が普及し出した．また，開国の結果，毛織物が輸入されるようになり，フランネルはシャツや襟巻きに用いられた．その後1879（明治12）年には千住製絨所が創業し，日本国内においても毛織物が製造されるようになった．明治20年代には，薄地の毛織物であるセルの製造が始まり，合着や夏用の二重廻しに用いられるなど，人気を博した．

図 9.4 和装の男性
『風俗画報』1907（明治 40）
年 6 月，第 365 号．

図 9.5 和装の女性
『大日本名所図会』1910（明治 43）
年 3 月，第 77 号．

　その他，明治期独自の服飾品が着装されるようになった．吾妻コート，ショール，お高祖頭巾である．吾妻コートは，江戸時代から用いられていた被布が少しずつ形態を変え，明治 20 年代に用いられるようになったものである．これは，黒や紺などのラシャやセルなどに絹裏をつけた防寒用のコートであったが，1897（明治 30）年頃からは絹製のものも用いられ，お洒落着としての色合いが濃くなっていく．また，ショールは当初大型で，裾模様がついたカシミヤや毛糸で編まれたものが用いられたが，後期になると，被布やコートに組み合わせる細長いものが主流となり，縮緬やレースなど装飾的な要素が強くなった．お高祖頭巾も，防寒具として明治中期に流行し，しだいに，装飾的な要素が強くなったものである．

　後期になるとそれまでの江戸期から継承されていた模様や色使いに変化がみられ，色合いが濃く，大柄な模様が好まれるようになった．すでに女性用の和服については，芸者など花柳界の女性が，美人絵葉書や新聞の美人投票に登場するなど，モードの最先端をいくようになっていた．そのため彼女たちの着用する，装飾的な服飾が，一般の人々の間でも用いられるようになった．また染織技術の発展や経済の発展は，1905（明治 38）年三越呉服店の発表した元禄模様にみられ

るような，派手な模様の流行の原動力となった．

一方農村では，明治当初は江戸時代とあまり変わらない服装が用いられていたが，しだいに街での流行が取り入れられるようになった．

また，ショールを真似て流行したものが襟巻きである．素材は，ネル，メリンス，毛織物，絹物と，違いはみられるが，若い世代には，羽二重などお洒落用の襟巻きを巻くものもいた．

b. 女学生の服

1872（明治5）年の学制発布をきっかけに，全国に学校がつくられた．男子学生が明治の早い時期から洋装を取り入れていた一方で，和服の着用が大多数を占めていた女学生の服装は，独特なものへ変貌した．それは，東京女学校の開設に際して文部省が，それまでの和服では教育に不向きであるとの見解から，羽織・袴を着用させたいとのうかがいを，太政官正院に提出したことに始まった．太政官左院は男女の差別を重んじ袴だけの着用を正院に申し出たため，学問を志す女性は，袴の着用のみ認められるようになった．当時，東京女子師範に通った山川菊枝は母である青山千世の学生時代について，学校から「おしきせ」と称される羽織と袴を支給され，袴はマチの部分が浅めの男性用であったと述べている．

女学生の袴姿は，当時の新聞紙上において醜態として批難された．男性用の袴を着用する女学生姿は生意気にうつり，校内で教師につめ寄るといった行動までもが，新聞に掲載されるほどであった．この後女学生の袴姿は，1879（明治12）年には用いられなくなり，地方においても姿を消すこととなるが，まれに着用する女学生がいるとそれもまた中傷の対象となり，新聞の記事として取り上げられるほどであった．

その後，女学校は，明治政府の方針により，学生の衣服を統制し続けた．鹿鳴館時代は洋装を奨励し，そして，1893（明治26）年の女学校令の公布以降は和服が用いられた．

1897年頃から，再び女学生が袴を着用するようになった．この袴は，以前のような小倉袴（男袴）ではなく，カシミヤやメリンスなどの行灯袴（女袴）が用いられた．これらの袴には海老茶色のものが多かったため，海老茶袴は女学生の象徴となり，小説の登場人物が着用する姿が描写され，現実的にも女学生の豊かな生活を非難する際の的にもなった．

まず，東京都内の女学校や女子高等師範学校が率先して女袴を採用し，その後

9.2 和服と女学生　　　　　　　　　　　　　　　　　　　　95

全国の女学校に広まったといわれている．全国的に袴が着用された理由として，袴に対して以前のような批判がなかったわけではないが，周囲の印象は明治初期と異なっていたことが考えられる．行灯袴は，マチの部分がないため，洋装のスカートと形態が類似していた．これは，鹿鳴館時代を経験した当時の人々にとって，着物にスカート風な衣服を組み合わせたものとして認識され，その結果，男性的な，というよりは，派手なという印象を与えるものとされたため，比較的受け入れやすかったと考えられる．

明治30年代後半になると地方の尋常小学校においてすべての女子が運動会や卒業の記念写真には袴を着用している．

そして，この時代の女学生の姿には，矢羽根柄（やばねがら）の着物に袴を着用し，結い流しの髪にリボンをつけ，編み上げ靴を履き，颯爽と自転車に乗るといった新しい女性像をみることができる．

また，このように袴姿には，束髪・リボン・靴・ショール・手袋などを組み合わせることが多かったことからも，和装から洋装へ移る経過を表していることがうかがえる．しかし，このような袴姿は女学生や女子教員という立場を示す服装であったために，卒業後に着用されることはなかった．

図9.6　女学生
左：榊原蕉園筆，明治末期（『図説日本の歴史』第15巻，大久保利謙蔵）．右：日本女子大学8回生，1911（明治44）年，軽井沢にて．

9.3 行事食と日常食

a. 年中行事と食生活

文明開化以前の食生活は,「ハレ」の日の料理として江戸時代に完成された武家の酒宴の席での会席料理や日本古来の本膳料理・茶懐石料理など,また日常の「ケ」の日の料理として雑穀などのまざった米と汁に数種の野菜の献立や江戸時代後期の料理茶屋にみられる菜飯・豆腐田楽やドジョウ料理などであったと考えられる.現在のいわゆる「日本料理」とは,この明治の洋風文化が入る前までに完成された料理全般をさしていう.

しかし,それまでとはまったく異なる世の中の洋風化(太陰暦から太陽暦へ,七曜制の導入など)は,食生活にも食材料・調理法・食習慣・食事作法・行事などの点でさまざまな変化を及ぼした.たとえば,主として酒宴の席は男性向けのものであったことや,台所は下働きの仕事で中流以上の婦人は食事をつくらなかったものが,男女ともに食事をする形態がみられるように変化した.また食事の支度ができるように料理を学ぶ女性も増加していき,女学校の教育課程も初めは裁縫中心であったが明治中期以降にわかに料理の授業の増加がみられる.

それまで日常食は大変質素だったため,栄養不足を補う目的での行事食が多々用意されていたが,日常食が豊かになるにつれて,行事食はその後徐々に影をひそめていくことになる.

1) 餅 「餅」とは中国大陸では小麦粉でつくったもののことをさす.日本では,米が豊富であったためか初めは麦の粉も入っていたようであるが,多くはうるち米,もち米を蒸して搗いたもののことをさすようになった.明治時代,「餅」は祭り・行事によく使われているが,現在でも通じるところはお正月の鏡餅,雑煮であろう.材料別にみると,うるち米またはもち米混合の柏餅(端午の節句),米以外のものをまぜてつくる草餅(桃の節句)・黍餅・とち餅・粟餅・豆餅,もち米の入らないくず餅・蕨餅などがある.日本人が「餅」を古くから神への供物として珍重してきたことは,もち米はうるち米にくらべ加熱後の老化が遅く,保存食(とくに水餅,凍み餅,干し餅)であり,食べる量のわりに高カロリーであったことなどが要因と考えられるが,「餅は新しく生命を更新,再生させる霊力を含む」(渡部・深澤, 1998)にみられる精神性も否めない.

現在でもお正月に食す「雑煮」は，かならずしも「餅」を使わなかった（長楽寺永禄日記にみられるのは羹か煮付けのように記されている）ようである．江馬努著『四季の行事』によれば「雑煮　正しくは『烹雑』―はうざう―といふ．室町時代，小笠原流婚礼の色直しの献立に『御まゐり肴』とて雑煮があるのを正月に転用したもので，その献立は，伊勢流では餅，鮑，煎海鼠，焼栗，山の芋，里の芋，大豆の七種で，たれ味噌を用ひたが，これが，地方，家々により追々変化して，今日では，殆ど全国に何種あるか分らぬ」とあり，正月料理というわけでもなかったのである．

2） 正月料理　お節料理とは，季節の変わり目に節供（せちく）とよばれる料理（お節料理・桃の節句・端午の節句・上巳の節句・重陽の節句）のうち最も盛大であったお正月料理の代名詞となったものである．祝い肴（黒豆・田作り・かずのこ）は健康・豊作・子孫繁栄を願ったもの．口取りに用いる栗きんとん（財宝）や根菜の煮物（土台を築く）などは現在にもみられる．表 9.1 に日本女子大学校（1901（明治 34）年開校）にみられる当時のお正月料理から大正・昭和にかけての献立の推移を示した．明治の献立は現在とはやや異なるが，大正の末期からは，現在にもつくられている献立がみられる．西洋料理のノートにみられた当時のクリスマス献立も明治時代は品数が少なかったこととあわせて推察すると，当時は現在に比較し食べ物がいかに少なく，貴重であったかがうかがわれる．

3） 行事食　行事食は元来儀礼的な性格が強く，神にささげる供物であった．供物を神に捧げたあと直会（なおらい）という供物や酒をいただく酒宴が行われ，社交の場であったと考えられる．明治時代の行事食は，依然として儀礼的な性格をもちつつ新しい食材や調理手法などを加えながら日常生活に取り上げられていたことが，『年中行事 家庭儀式料理』などに記されている．

先にあげた5節句に加えて，明治になり制定された元始祭・新年宴会・紀元節・神武天皇祭・神嘗祭・新嘗祭，また地区の氏神様にちなんだ祭や盆など多くの行事や祭りが行われ，親類や知人との交流を深める働きをしていたと考えられる．

祭りにみられる料理はすし（多くはまぜずし：ちらしずしや押しずし），煮しめ，もち，団子などが多くつくられていたようである．

その他，人生の通過儀礼として，お七夜，お宮参り，歯固め（お喰い初め），初節句，七五三，成人式，婚礼，還暦，喜寿，米寿，葬儀，法事などがあるが，慶事には赤飯，お頭付魚（鯛は最上），弔事には，精進料理がつくられた．

表9.1 日本女子大学校における正月料理（本間ほか，2004）

学部・科・回生	家政 2	師範家政 19	家政 23	家政 26
在籍年度	明35～明38	大正7～大正11 (8/12)	大正12～大正15	大正14～昭和4
教師名	赤堀峰吉	赤堀菊子・玉木	玉木・中川	亘理
床飾り				銚子 屠蘇 盃三ツ組
祝肴				（重詰） 数の子 黒豆 昆布巻
汁物	たらぽんぽり 火取昆布	（吸い物 一ノ重） 小用鯛 薄しほ昆布	相鴨しんじょう 火とり鱈 鳴戸蒲鉾 花菜 糸昆布	（吸物） 袋牡蠣 短冊うど 三州みそ
雑煮				（お雑煮） 火取餅 相鴨 梅芹 海苔 松葉ゆず
生物	まぐろ作り身 平目薄作り 白髪うど 大根おろし わさび		鮃のかつら巻 水前寺のり 防風 白髪うど	（向付） 鯛の紙塩
酢物・和え物		（酢の物 與の重） みぞれ和え 芝海老 青豆		（酢の物） 短冊大根
口取り	みの松茸 末廣竹の子 甘煮 梅花卵	（二の重） 梅羹 竹昆布 松形卵	（二の重） 栗きんとん 日ノ出蒲鉾 鰤松風焼 にしき卵	（オ口取） 伊達巻玉子 手綱黄味鮨 平貝うに焼 芽きゃべつ辛子和え 梅羹 河茸でんぶ
焼物	（船盛） 小鯛 ほうれん草浸し			（鉢肴） 鰭麹漬 酢取り生姜
揚物				
煮物		（三の重） 甘露煮 章魯梅煮 塞形いも 青海苔	（与ノ重） 蛤の時雨煮 鶴の子芋 亀甲椎茸 松葉ぎんなん 唐草いか 梅花人参 矢車蓮根 末広竹ノ子	（煮物） 鶏肉たたき 志のうど 莢豌豆 たばね大根 花かつお
蒸物				
御取肴				

学生のノートより．

b. 日 常 食

1) 都市部の日常食　1901（明治34）年刊の平出鏗二郎の『東京風俗誌』によると「常食は米飯で，麥をまぜる家は少く，偶まにあつても挽割を用ゐた．三度の食事については，朝に味噌汁，午に魚，夕飯に煮物または露物を添へる，これが普通であった」とある．魚は種類が多く，肉は鶏肉か牛肉で豚肉は少なかったようである．「調味料では生姜，これは谷中で産した．唐辛子も多い」とあり，肉や魚の臭み消しとして生姜や唐辛子に肉桂・胡麻・麻の実をまぜた七味唐辛子，などが香りの基本であったことがわかる．現在はコショウやハーブを用いてさまざまな風味をつけるのに比較し，当時はかなり単一な香りの料理が多かったと思われる．「麺類はそばが主で都下ではうどん屋とはいはず，そば屋といつた．そばの需要は多く，従つてそば屋が非常に多かつた」とあり，関東はそばが主流であったことがうかがえる．ちなみにそば屋についでは汁粉屋が多かったようである．また，前述のように一般婦女向けの料理学校も開校され，新しい料理のつくり方やマナーを身につけようとする女性が増えた（図9.7）．

図9.7　1882（明治15）年に開校された赤堀割烹教場

2) 農村魚村部の食事　農村漁村部の食事は，あまり洋風化の影響を受けなかったため，慣習がそのまま受け継がれ，その土地で取れるものを中心とした食事であった．秋田・山形など日本海沿岸の米どころでは米を常食とし，米の少ない山間部では，麦・粟・稗・黍などを混ぜたものを主食としていた．海岸に近いところでは魚を食していた一方で，山間部では凍み豆腐・塩漬けや干物にした魚しかタンパク源はないようにみえるが，雑穀には米よりタンパク質・ビタミンが多く含まれているので，かえって健康的であったと考えられる．秋山も『近現代の食文化』(2002)の中で「農村部の主食は都市部と異なり挽割麦飯が主である．また，副食も野菜が中心で動物性たんぱく質は魚介類の塩干物などわずかで獣鳥肉の使用はみられない」と述べている．また副食は少なく主食の量が多く，前述のように，祭りなどの「ハレ」の日に栄養を摂っていたようである．この後，都市部の生活と慣習の近代化が進むに従い，交通の便が悪く流通もままならない農村漁村部と都市部との格差はますます広がっていった．

10. 明治の洋風文化

10.1 洋風住居

a. 明治の洋風住居

明治維新後における西洋文化の輸入は，住まいにも大きな影響を与えた．それは，日本住宅の洋風化・近代化の幕開けともいえる．

1)「異人館」 わが国における最初の洋風住居は，長崎の出島を除いては，開国とともに日本に来た外国人の住まいであった．1858（安政5）年の日米修好通商条約により神戸や横浜が開港され，開港場の外国人居留地には外国人建築家の手による商館や住宅「異人館」が建てられた（図10.1）．しかし居留地は閉ざされた特殊な地区であったため，日本人は外から眺めることしかできなかった．

また居留地以外にも，全国でキリスト教の布教活動を行っていた宣教師や明治政府から招聘された外国人教師・技師たちの住まいが，日本の町や村の中に建てられた．これらは居留地の住宅に比べ数は少ないが，宣教師の住まいのように地域の人々に開放された住宅もあり，日本人に西洋の住まいと生活の様子を伝えた．

これらの「異人館」は，その後各地に建てられる洋風建築の手本となった．

2) 上流階級の洋風住居——和洋館並列型住宅 明治政府は，外国人建築家を招いて公共建築物を洋風建築としたり，建築技術者を養成するなど，新しい国づくりの一環として西洋建築を取り入れようとしていた．また伝統的な生活の変

図10.1 ハンセル邸外観

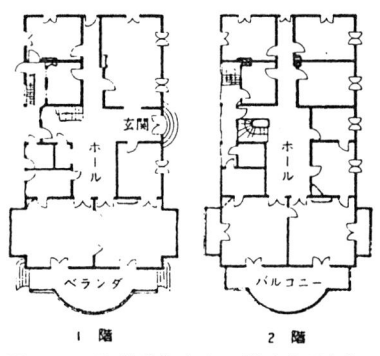

図10.2 西郷従道邸平面図（住宅史研究会，1986）

図10.3 西郷従道邸外観

革を最も早く実践したのは，皇室や皇族の人々であり，天皇は率先して洋服を着用し断髪を行い，また西洋式の宮殿の建設が計画された．

このような洋風化の波は上流階級の住まいにも及び，上流階級の間では，伝統的な和風住宅のほかに洋館を建てることが住まいの1つの形式として定着していった．この形式は，和館と洋館が並び建つことから和洋館並列型住宅と称されることもある．現存する洋館の例として，東京都文京区湯島の岩崎久弥邸，愛知県の明治村に移築された西郷従道邸などがある（図10.2, 10.3）.

これらの住まいでは，洋館はあくまでも接客の場，ステータスシンボルであり，日常生活は和風住宅で行われていた．したがって，この段階では日常生活が洋風化することはなく，それだけに洋館は，完全な西洋住宅のそのままの形で建てることができ，室内では靴を履き替えない完全な洋風の使い方をしていた．

3) 中流階級の洋風住居―和洋折衷住宅　明治政府の官僚支配体制と資本主義の成長とによって，明治も中期を過ぎると，都市には給与生活者が大量に出現し，その中でも高等教育を受けた政府役人，大企業の高級社員，専門的知識労働者といった人々が新しく中流階級を形成するようになる．これに伴い中流階級の住宅「中流住宅」が都市の住宅の主流となっていった．中流階級は，上流階級のような洋館を建てることはできなかったが，これに憧れ，在来の和風住宅ではない新しい住まいを望んでいた．

このような動きを背景に，1898（明治31）年には建築家によって「和洋折衷住宅」と題する2つの新しい中流住宅の提案が行われた．1つの案は，中小規模の和風住宅に暖炉を組み込んだものであった（図10.4）．暖炉の導入は，和風住

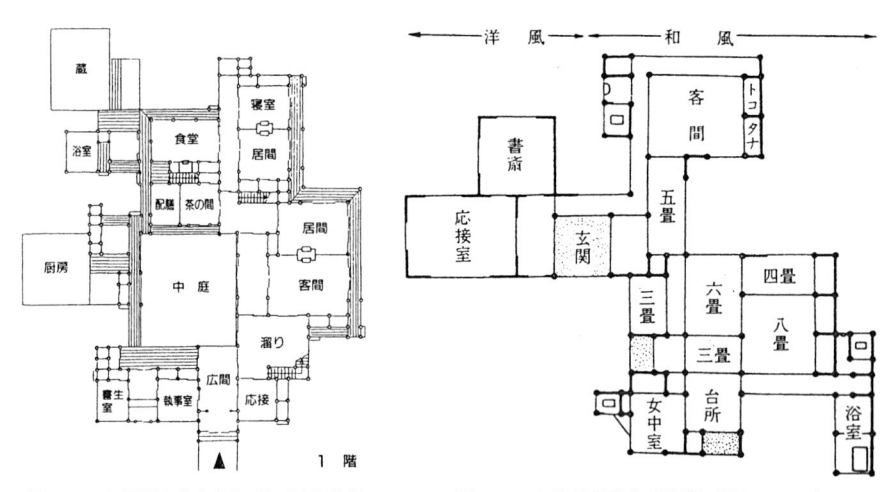

図 10.4 和洋折衷住宅 岡田案（日本建築学会，1991）

図 10.5 和洋折衷住宅 北田案（太田，1984）

宅の欠点である暖房設備の欠如を補うためであり，さらには暖炉が西洋住宅のシンボルであったからである．またこの案では，部屋の境を襖ではなく壁とし，壁に暖炉を組み込んだため各部屋の区画をはっきりさせることにもなっている．

　もう1つの案は，和風住宅の玄関脇に洋風の応接室・書斎を1～2室設けるというもので，つまりは上流階級の和洋並列型住宅を簡略化したものであった（図10.5）．この案は，伝統的生活部分をまったく変えずに新しい時代のシンボルである洋室を備えていることを外観上も表現できたため，この形式が人々に受け入れられ，そしてそれ以後，第二次世界大戦までの中流住宅の典型的形式へと発展していくことになる．

b. 在来住宅批判と洋風化

1) 伝統的な和風住宅と生活文化　明治初期，接客空間に入ってきた洋風の生活は，これだけでは従来の和風住宅に何ら変化をもたらさなかった．当時の在来の和風住宅は，本質的にはほとんど封建時代と変わっておらず，接客中心で，部屋が襖や障子で仕切られており，ほかの部屋に行くためには部屋を通り抜けなければならないなど，プライバシーに対する配慮のない住宅である．また部屋の用途が明確でなく，この時代の住宅の平面図を見ても，家族がどこで生活していたのかわからないような住宅である．つまり日本の住宅は，主人の場はあっても家族個々人の生活のプライバシーを守りうる部屋というものをもたずにきた．

アメリカ人のエドワード・S・モースは，1876（明治10）年頃の日本の住宅を見て，このように述べている．「日本の家屋には，わたしたちがみなれているドアも窓もない．屋根裏部屋も，地下室も，煙突も，暖炉も，したがってあの炉囲いも，完全に閉ざされるヘヤも，ベッドや，テーブルや，イスや，それに似た家具も，すべてない．我が国の住居とくらべて，こんなにもない，ということは，わたしたちからすれば，これらの日本の家屋を住居とみなすのが，むずかしくさえなる」（モース，1981）．

つまり日本の住宅は，閉ざされた部屋（個室）や家具といった住まいを形成する多くの特徴が欠けており，このような家屋を住宅として考えることは難しいと述べているのであるが，このことは西洋住宅の特徴が，日本の伝統的な住まいや生活習慣からかけ離れていたことを示すものであろう．

当時の日本人とっては，個室から構成される西洋住宅の仕組みは理解したがく，住宅内部で個人の生活を尊重する個室のあり方を理解するには，家族観が変わるのを待たねばならなかった．一方，家具を使った椅子式の生活は，官公庁，企業，学校，兵営などで洋風化が早くから進んだことでその実利性を体験していたが，日常生活においては，長年の畳の上での生活習慣を変えることができずにいた．

2) 在来住宅批判と洋風化　　中流住宅における和洋折衷住宅の提案と時を同じくして，海外で建築教育を受けた人々や欧米での生活を実体験した人々が，在来の和風住宅に対する批判を展開するようになった．その批判は，部屋の通り抜けの不都合や部屋の独立性のなさ，畳の上に座る床座式の生活の欠点，住宅があまりにも接客中心に考えられているといった指摘で，主に日本の伝統的な住まいと西洋住宅との違いに起因するものである．しかし在来住宅批判は，盲目的な洋風化を意図したものではなくわが国の気候・風土や生活習慣に合わせて住宅の改良を図ろうとする動きであった．

この在来住宅批判以降，洋風の導入は，住宅平面全体や生活全般に西洋風の考えを取り入れようとする動きへと変わっていく．

10.2 鹿鳴館と改良服・アクセサリー

a. 制服・礼服としての洋服

　文明開化に伴う洋風化の波の中で，服飾においても洋服が導入された．たとえば軍隊では，1870（明治3）年の太政官布告によって陸軍がフランス式，海軍がイギリス式に組織されると，軍服も両国の形式を模倣して制定された．そして，軍服で採用された詰襟ジャケットとズボンの組み合わせは，鉄道員や郵便配達人，警官，学生などの制服にも取り入れられた．1886（明治19）年に，帝国大学で詰め襟で1列の金ボタン形式の服を制服としたのと前後して，各地の中学・高等学校・大学において，この型が制服として多く採用され，このスタイルを学生服とよぶようになった．また，1872（明治5）年の服制の改正により皇室に礼装として採用されたのは，西洋式のマナーと洋装であった．

　このように明治前期の文明開化の際，天皇を先頭に政府高官たちは洋風の新しいスタイルを民衆に先駆けて実践した．そのピークが鹿鳴館時代である．江戸時代末期に諸外国と締結してしまった不平等条約を改正するためには，国策として欧米化を推進することが必要であるとの考えから，工部大学（後の東京大学工学部）教授のイギリス人ジョサイア・コンドルの設計による煉瓦造り2階建ての社交場の鹿鳴館が建てられた．1883（明治16）年に完成した欧米化の象徴的存在ともいえる鹿鳴館では，舞踏会・音楽会・慈善バザーなどが繰り広げられたが，欧米式に男女同伴で洋装が条件とされたため，女性たちは胴部をコルセットで締めつけ，後ろ腰に特殊な腰当てをつけてスカートの後部に膨らみを出したバッスルスタイルという，当時ヨーロッパで流行していたドレスに身を固め，髪を洋髪にし，ハイヒールの靴を履いた（図10.6）．しかし，洋装の経験のない華族の女性たちがハイヒールを履き，このドレスを着てシルエットを保つことは容易ではなかったようで，その姿は風刺画の格好の対象にもなった．

　なお，1886（明治19）年には華族の女性にはフランスの宮廷服を模した各種礼服が定められ，公式行事は洋装で行われるようになり，鹿鳴館での夜会・晩餐などには中礼服のローブデコルテと決められた．

　そして，これらの需要に応えるように白木屋呉服店（後の東急百貨店日本橋店）は1886（明治19）年に洋服部を新設し，続いて越後屋（後の三越）も1888（明

図 10.6 伯爵夫人戸田極子像，明治中期（毎日新聞社, 1959）

治21）年には洋服部を新設した．しかし，洋装はあくまでも贅沢で高価な装いであり，ドレスからヘアスタイル・アクセサリーまで，すべてにヨーロッパ社交界の流行をそのまま取り入れていたのは，皇族・華族・政府高官といった一握りの特権階級だけであった．

また，鹿鳴館風の影響を受けて，たとえば，東京女子高等師範学校（現お茶の水女子大学）では1880年代後半に，バッスルスタイルのドレスが制服に採用され，地方でも女子教員が洋装を取り入れ始めた．しかし，日清・日露戦争の頃から洋風化熱は衰え，東京女子高等師範学校でも1890年代半ばには再び和装に戻った．軍服や官吏の制服など，公的な衣服として洋服を着用していた男性にとっても，洋服は職業に適した勤務時間に限って着用するものであり，帰宅後の私的な時間は和服に着替えてくつろぐというような状態であった．女性の場合は和服が中心の衣生活であり，バスの車掌や女店員の制服に洋服を採用する職場が出現し，女学校の制服が洋服に変わるのは大正期に入ってからのことである．

b. 改良服

文明開化当時の洋風化の機運が一段落すると，風俗改良の一環として女性の結髪を束髪に替える結髪改良や衣服改良等の運動がおこった．しかし，和服の欠点

をいろいろと指摘しながらも，洋装化へ向かうよりは和服の改良が中心であった．

　最も簡単なものとしては，職場での衣服の場合には動きやすいように袖を筒袖にするというような実用面からの改良であり，さらに進んだものとしては，女性の体格と体質改善の視点からの衣服改良の提言があった．これは，袖が引きずるほどに長く，裾も長くて足に絡み，しかも風が吹けばめくれやすく，さらに下駄を履いているため到底活発な動作ができず，習慣で内股に歩いているが，これは直立して歩くことができない一種の病気であり，四肢の運動を妨げない衣服として，筒袖の着物にスカート形式の行灯袴(あんどんばかま)を着用するというものである．さらに，袴を着けることにより，高価な帯が必要なくなり，隠れてしまう長襦袢(ながじゅばん)や着物の裾模様などに贅を尽くす必要がなくなるといった経済的な面でも利益があるとしている．この頃の改良服には，着物の袖口が絞ってあり，筒袖というよりもむしろブラウスの袖に近いものもあった（図10.7）．このような衣服に袴と編み上げ靴を組み合わせており，袴の丈を短くして下から足をのぞかせ，あたかもひだスカートをはいているかのように装っている例も見受けられた．

　明治40年代から大正初期にかけて，和服における衣服改良の議論はますます活発になっていった．しかし，実際は各地の学校の服装制定にみられるように，実用を主とし華美を避ける意味での筒袖の着物に袴の組み合わせが一般的であり，それさえも，着用する範囲が女学生と女子教員に限られていた．

図 10.7 改良服
『風俗画報』第242号，1901（明治34）年12月．

c. アクセサリー

　今日日常的に使用される装身具の多くは，明治時代，文明開化による洋装化に伴って人々に用いられるようになった．一方で，多くの日本人が和装であったこの時代には，それまでみられなかったさまざまな装身具を和装に取り入れることが，洋装化の第一歩となったとも考えられる．当時の資料から，とくに多くの着用例がみられる帯留と指輪を取り上げてみる．

1) 帯　留　　帯留(おびどめ)は幕末頃，帯締(おびじめ)を必要とする帯の結び方，御太鼓結びが人気を博したことにより生まれた．当初は機能のみの金具であったが，明治半ば頃

までに西欧の装身具の影響から，装飾性を備えはじめた．この時代の繊細なものを好む傾向から，構造上も従来の「パチン」では表現しきれない透かし彫による表現が好まれ，「前掛け」とよばれる仕組みに変化した．明治の終わり頃から，帯締をつなぐ役割を担ってきた帯留が，さらに装飾性の追求のために，完全にその機能を失い，現在の帯留の仕組みである「遊び」に変化した．

2) 指　輪　　指輪は，明治期に憧れの西欧文化の1つとして多くの人々に広まった．明治20年代の小説，尾崎紅葉『南無阿弥陀仏』『二人女房』，樋口一葉『われから』にも装身具の素材まで明記した記述がみられる．誰もが指輪に関心を抱き，その質にさえこだわらなければ着用することが可能となったことにより，人々の関心はその素材へと向いたのであろう．1897（明治30）年頃から西欧の影響を色濃く反映した宝石入りのもの，日本の伝統的な金工芸技法による彫刻入りのものがその人気を二分化した．明治40年代には華美，華奢で繊細なものが好まれたことから，繊細な彫刻が施され宝石が留められたものが多くみられるようになった．

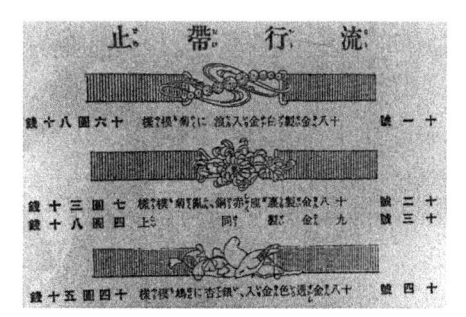

図10.8　帯留・指輪の広告，明治時代
丸屋喜助広告「時好」1904（明治37）年12月2日．

図10.9　女学生（リボン，ペンダント）
『女学世界』1906（明治39）年4月．

10.3 西洋料理の開化

a. 肉食の解禁と牛鍋

　明治維新の重要な社会改革には四民平等，すなわち封建時代の階級制度廃止があった．これにより従来のような階級の差による食生活の差別もなくなり，生活程度，居住地の違いのほかは，国民の食事の均質化がようやく現れることになる（樋口，1991）．このように開国および明治維新を契機として，政府が近代国家建設のために輸入につとめた欧米文化は食生活の上に当然強い影響を与えた．

　幕末から明治にかけて多くの食物が西洋から輸入された．野菜や果物の中では普及が遅れたものも多いが，肉食はその中でも比較的簡単に馴染んでいった．その理由の1つが識者による肉食の啓蒙である．当時の日本人の食生活は畜肉，乳，多くの香辛料を欠いていて，世界的にみてもかなり偏った食生活であった．1870（明治3）年に東京築地に半官半民の「牛馬会社」という会社がつくられ，福沢諭吉はこの会社の宣伝のために『肉食の説』を書いている．これには肉食は薬であり，栄養的に肉食をすべき，と説いている．ここには必ずしも肉食を西洋料理として取り入れることは書かれていないため，肉を今までの伝統的調味料で調味し，従来の料理体系の中に取り込むという形で牛鍋が出現するのである．翌1871（明治4）年のベストセラーである仮名垣魯文の『牛肉雑談・安愚楽鍋』の序文には「士農工商，老若男女，賢愚貧福おしなべて牛鍋食はねば，開化不進奴」とある．ここでも当初の牛肉の食べ方は西洋料理ではないことがわかる．

　牛肉の調理法として，江戸時代に肉料理として行われていた味噌で煮る鍋焼きがまずつくられ，次いで醬油と砂糖で調味して食べ，牛鍋と総称していた．牛鍋は初めはネギが入るだけでネギを五部切りにして入れていたので「ゴブ」ともよばれていた．ほかに臭み消しでさんしょうを入れていた．豆腐や白滝が入るようになったのは1897（明治30）年以降であり，牛鍋がしだいにすき焼きとよばれるようになる．『明治・大正くらしの物語』（1978年）によれば，これには諸説あり，その昔，農夫が獣肉を鋤の刃にのせて焼いて食べたことと，肥前でクジラ肉を煮て食べた習慣が混ざり合ってできた名称という説もあれば，単にすき身からきたともいわれ，関西の魚すきから転用されたものだともいわれている．

　東京の牛鍋の元祖といわれる中川が「御養生 牛肉 中川」の赤い旗を掲げた

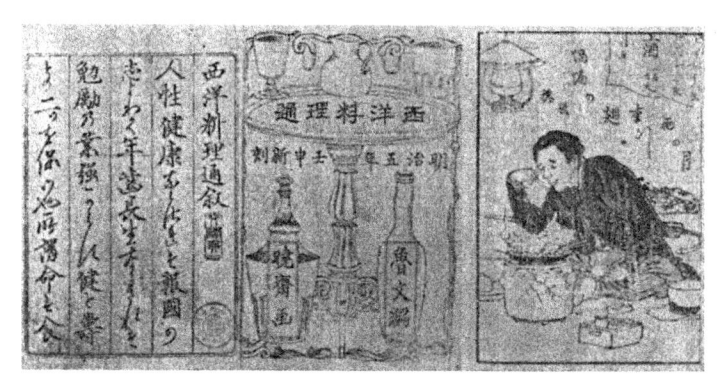

図 10.10 『安愚楽鍋』

のは 1867(慶応 3)年,明治維新の前夜であった.明治に入ると繁盛し始め,ほかにも牛鍋屋が増えていった.料理屋から転業したり,鹿や猪肉を扱っていた「ももんじ屋」や鳥料理屋も牛鍋屋を兼業した.1877(明治 10)年頃には東京に 500 軒を越す牛鍋,牛肉の店があったといわれている.しかし,銀座で和菓子舗から西洋菓子や洋食を始めた風月堂では「あの店は牛や豚を扱っている」といわれもとの和菓子まで売れなくなったこともあった.

1872(明治 5)年には明治天皇が前例を破って初めて牛肉を食し,宮中での饗宴料理も西洋料理となり,いよいよ牛肉食は文明開化の象徴であると信じられるようになった.この年,敦賀県(福井県)の肉屋がまわりの圧力でつぶれるという事件があった.これに対し,県令で諭達を出している.「牛肉の儀は,人生の元気を碑補し,血力を強壮にする養生物に候」に始まり,因習に凝り固まって,牛肉を食べた者は神前を憚(はばか)るべきなどと,いわれのないこと言う者がいるが,これは開化を妨げ,ご主意に反する者である.こうした心得違いの者がいるのは,町役人の落度だから,よく説得するようにと,政府の出した肉食奨励を受けた内容になっている(『明治・大正くらしの物語』1978 年).しかし,一方では家庭での肉食が一般化するには時間がかかり,本格的に家庭内に取り入れられるのは西洋料理と同じく 1897 年以降である.

b. その他の西洋食品

牛肉食とともに西洋の食品がしだいに浸透していった.牛乳や乳製品は江戸時代に政府が雉子橋内に厩を設けて牛乳を搾り,牛酪をつくって将軍家の用にあてていた.明治になってこの乳牛を明治政府から払い下げ,築地に設立されたのが

牛馬会社である．牛肉と同じく『肉食の説』の中で西洋では牛乳の飲用はもちろんチーズやバターを日本の鰹節と同じように使用していると宣伝している．すでに 1874（明治 7）年には乳牛社が数 10 カ所も開業していたという（『東京開化繁昌記』，樋口（1991））．

　パンは肉と同じ頃に食生活に導入されたが一般には普及しなかった．携帯に便利であることから軍の糧食としては早くから用いられていた．1873（明治 6）年に陸軍が初めて主食として乾パンを採用している．樋口（1991）によれば，幕末から横浜で牛肉商を営んでいた中川屋嘉衛門が初めてパンの広告文を出している（万国新聞紙）．東京でも 1882（明治 15）年には 116 軒にもパン屋が増え，パンの種類もメリケンパン，フランスパン，日本食パン，イギリスパン，菓子パンなどいろいろあったが，主食をパンに切り替える風潮はおこらなかった．肉はすき焼きなどとして飯や酒のおかずとなったが，パンは菓子パンとして間食の役割が強かった．1873 年に木村屋の初代木村安衛門が饅頭の嗜好をパンに取り入れたあんパンを考案して，宮中にも納めていた（渡辺，1964）．

　コーヒーは蛮人の煎飲する豆として長崎では知られていた．コッピー，カヒー，などとよび，加菲・珈琲・茶豆などの字をあてていた．1888（明治 21）年 4 月に東京下谷に日本初の喫茶店「可否茶館」ができ，カヒー 1 碗 1 銭 5 厘であった．

　菓子類では，江戸時代から現在に至るまで受け継がれている在来の和菓子は多い．洋菓子にはビスケットをはじめ，カステラ，ケーキ，ドロップ，キャラメル，キャンデー，チョコレート，ボンボンがあった．カステラははじめは長崎でつくられ，明治期には東京の榮太楼・壺屋・三河屋などがつくっている．アイスクリームは幕末に遣米使節が初めて食べているが，そうちの 1 人により「あいすくりん」と名づけられて明治元年に販売された．その他，ラムネは 1869（明治 2）年頃，サイダーは 1872 年頃，レモン水は 1873 年頃から売り出されている．

　ほかに食材類も外来種が多く入ってきている．明治元年にトマト，タマネギ，キャベツ，アスパラ，ピーマンがアメリカから輸入されている．トマトは匂いが馴染めなっかたようでこのあと普及は遅れた．それに比べ，タマネギ，キャベツは家庭料理の中に取り込む形で大いに利用された．

c. 西洋料理店の出現と和洋折衷料理

　西洋料理の看板を初めて掲げたのは横浜姿見町で開業した大野谷蔵の崎陽亭と

いわれている．時に1869年8月である．東京では1870，71年から神田三河屋，築地精養軒が開店する．西洋料理が流行しだすのが1877年前後で，政府の欧化主義が一役買っている．宮内省が，外国貴賓の接待に西洋料理を採用すると決めたことから，マナーを知らなくては紳士の体面にかかわるということ，1883（明治16）年に鹿鳴館ができ，紳士淑女の社交の場としての西洋文化がさらに盛んになったことがきっかけとなり，西洋料理は流行しだしたといわれている（『明治・大正くらしの物語』1978年）．1897年に東京には40軒ほどの西洋料理店があったが，その半数は日本橋，京橋，神田に集中していた．一方，浅草には東京全市の1割5分を占める日本料理店と1割1分にあたる牛鍋屋があった，これは当時の西洋料理が一般大衆と無縁のものであったことを示している．西洋料理が急速に普及した背景について1897年刊の『東京開化繁昌記』には日本料理に比べて簡易であり，いろいろな種類の酒が飲めて，給仕・芸妓がいなくてよい，などとその長所をあげている．しかし，西洋料理は「つくるもの」ではなく「食べに行く」料理であり，西洋料理が一般家庭に普及するのは1897年以降，一品洋食屋が街角に姿を見せてからである．

　一方，西洋料理の発展と女子教育の普及の関係を見逃すことはできない．1875（明治8）年に東京女子師範学校が設立され，明治政府は女子教育に力を入れて女学校を開校し，さらに民間にも次々に専門学校や女子高等教育機関が開設された．また同時に女性向け雑誌が相次いで創刊される．1888年以降にはさらに増え，その中でも早くから家事教育の必要性を説くものも多かった．小菅（1991）によると，たとえば『女学雑誌』などは「料理を女子の教科に加えることが急務である」（1885（明治18）年12月，1886（明治19）年1月）と力説している．これら女性向け雑誌もいち早く西洋料理の記事を掲載し，『婦女雑誌』は1893（明治26）年5月号で早くもプロの味を取り上げ，風月堂主人米津の考案した「牛肉の蒲鉾(かまぼこ)」や「牛肉の茶碗蒸し」，「即席ライスカレー」などをつくり方つきで掲載している．この頃はいわゆる和洋折衷の料理でカレーといっても鰹節でだしをとったりカレーの味噌汁があったりと，苦心のあとがみられた．こうした雑誌にも徐々に本格的な西洋料理が登場するようになる．1895（明治28）年11月の『女鑑』では「当時，だいどころに洋食のできぬも，不自由ならんかと，其普通たる2，3種をかかげぬ」と前置きして，シチウ，ロールキャベージ，コロッケ，ボイロポテートなどを掲載している．

11. 新しい造形 ［ヨーロッパ20世紀］

11.1 モダンハウスの誕生

a. 中流階級の住宅

　産業革命は，ヨーロッパ社会に大きな変革をもたらした．中でも，中流階級の成長はめざましく，新たに社会の中心的な担い手となった中流階級の生活にみあった住宅を供給することは，19世紀半ば以降，ヨーロッパ社会の中心的な課題となった．こうした社会変化を背景に，それまで住宅といえば宮殿や上流階級の邸宅しか手掛けてこなかった建築家たちも，産業革命以後，一般の中流階級あるいは労働者階級の住宅に積極的に取り組むようになった．

　中流階級の住宅問題に最初に取り組んだのは，世界に先駆けて産業革命を終えたイギリスである．イギリスでは19世紀後半，ドメスティック・リヴァイヴァル（住宅復興運動）やアーツ・アンド・クラフツ運動といった，住宅建築および日用品の改善運動がおこった．その結果，過去の歴史的様式の復興主義から脱し，地域独自の伝統を再評価することによって，中流階級の生活にみあった住宅や日用品をつくり出そうとする機運が高まった．それは，実用性，経済性，衛生面，そして中流階級独自の美的文化を重視したモダンデザインの始まりだった．

　20世紀に入り，工業化社会における新たな生活にみあった住宅や日用品を生産・供給しようとする動きはヨーロッパ大陸にも広まった．基本的な理念の多くはイギリスから引き継がれたものだったが，急速な技術の進歩を前に，新たな建設技術や材料を積極的に取り入れ，新しい時代精神を空間的，造形的に表現することがより鮮明に求められた．

　ドイツでは，1907年にドイツ工作連盟が設立され，建築家や芸術家だけでなく，政府，産業界も協力してこの課題に取り組むことによって，イギリスで始まった住宅建築および日用品の改善運動をさらに前進させた．

　また，アメリカ人建築家フランク・ロイド・ライトは，1910年代に新しい空間概念を住宅建築で表現し，ヨーロッパの建築家たちに大きな影響を与えた．ライトは「プレーリーハウス」とよばれる一連の戸建て住宅の設計を通して，壁で囲まれた個室の数を減らし，内部空間が有機的な一体感をもつ開放的な住空間を生み出すことによって，従来の欧米における住空間の概念を覆した．

b. 機械の美学

　第一次世界大戦の勃発は，こうした近代運動を一時的に中断した．しかし戦争は，さらなる技術の進歩と，合理的で実用的な住宅および日用品の需要拡大をもたらすことになる．第一次世界大戦後，ヨーロッパでは多くの公営住宅が建設され，合理的な構法およびコンクリートや鉄といった新しい材料が取り入れられていった．また，先進的な建築家たちは，とりわけ戸建て住宅の分野で近代的な生活にふさわしい住宅のあり方を模索していった．

　ドイツ工作連盟のメンバーだったワルター・グロピウスは，第一次世界大戦前の1910年にすでに住宅生産の工業化を目的とした住宅供給企業の設立を提案していた（Gropius, 1961）．それは，優れた建築家やデザイナーによってデザインされた標準化部品を組み合わせることによって，美的統一のとれた住宅が量産でき，廉価で供給できるという考えに基づいていた．グロピウスは，第一次世界大戦が終焉した1919年にドイツのワイマールに設立されたバウハウスの初代校長となるが，こうしたグロピウスの考えはバウハウスでの教育にも反映され，20世紀の住宅および日用品のデザインに少なからぬ影響を与えた．また，20世紀を代表する建築家ル・コルビュジエは，近代建築の展開に大きな影響を与えた著書『建築をめざして』（1923年）の中で，「量産家屋を建設する精神状態」，「量産家屋に住む精神」，「量産家屋を構想する精神状態」をつくりださねばならない

図 11.1　トゥーゲントハット邸（1930年）
チェコ共和国，ブルノ．ルードヴィッヒ・ミース・ファン・デル・ローエ設計．

と訴え,「我々は住むための機械,あるいは道具として住宅を見なければばらない」と述べた(ル・コルビュジエ,1996).さらに,ドイツのミース・ファン・デル・ローエやオランダのリートフェルトといった前衛的な建築家たちは,近代建築の思想に共鳴する施主たちの住宅設計を通して,開放的で健康的な空間を実現した斬新なモダンハウスを提案していった(図11.1).

こうして,第二次世界大戦が勃発する1930年代末までには,近代的な生活に対する建築家たちのヴィジョンに基づき,機能性,経済性,衛生面を重視し,新しい時代精神を表現したモダンハウスのモデルが示された.その多くは,鉄,コンクリート,ガラスといった新しい近代的な材料を用い,シンプルで機能的な機械時代の美学を表現していた.

c. ヒューマニズムの探求

第二次世界大戦は,先の大戦を上回る打撃と技術の進歩をもたらした.参戦した国々では住宅不足が著しく,住宅の工業化はさらに推し進められていった.

近代的なデザインの住宅や日用品を受け入れる精神的および技術的環境が最も整っていたアメリカでは,戦後,モダンハウスとモダンデザインを普及させるためのさまざまな試みが行われた.たとえば,ニューヨーク近代美術館(MoMA)では1945年以降,モダンハウスに関する一連の展覧会が開催され,1949年にはマルセル・ブロイヤー設計による実物大のモダンハウスが展示された.それは,

図11.2 実験住宅(1953年)
フィンランド,ムーラッツァロ.アルヴァ・アアルト設計.

近代的なデザインの住宅や家具が入手可能であることを美術館を訪れた人々に示すことを意図していた．また，南カリフォルニアでは，鉄やガラスといった工業製品を多用したケーススタディーハウスとよばれる一連の実験的な住宅が建てられ注目を集めた．

　しかし一方で，いきすぎた工業化に批判的な人々も多かった．戦後のモダンハウスには，機能性や時代精神の表現だけでなく，温かみや地域性が求められたのである．イギリス，ドイツ，アメリカを中心に展開した近代運動の影響を受け入れながらも独自のスタイルを確立していった北欧では，戦後，フィンランドのアルヴァ・アアルト，デンマークのアルネ・ヤコブセンやヨルン・ウッツオンといった建築家たちによって，近代建築の精神と伝統的な建築が有する地域性や人間性をあわせもった優れた住宅建築や家具が生み出された（図 11.2）．シンプルかつ機能的でありながら温かみと伝統への敬意が感じられる北欧のモダンハウスやモダン家具は，戦後，世界的に高い評価を得たのである．

　ル・コルビュジエ，ミース，グロピウスといった近代建築の巨匠が相次いでこの世を去った 60 年代の終わり頃から，建築の世界では「ポストモダン」という表現が用いられるようになる．そして，画一的で人間味に欠ける表現に陥った近代建築に対する批判がおこると同時に，建築的過去や地域性，あるいは多様性に対する関心が再び高まった．

　20 世紀において，空前の科学技術の進歩と 2 度にわたる世界大戦がもたらした破壊は，私たちの生活に計り知れない影響を与えてきた．そして，生活の器である住宅は，社会，そして建築家たちにとって，取り組むべき中心的テーマであり続けた．20 世紀の建築家たちが住宅建築の分野で取り組んだ課題の本質は，住宅の芸術的・文化的側面と技術的・経済的側面のどちらかを犠牲にすることなく，両側面をいかに調和させるかということだったといえる．20 世紀のモダンハウスは，この課題に対する建築家たちの答えであった．21 世紀を迎えた今日，私たちはこの未完のテーマを引き継ぐと同時に，変化し続ける生活がもたらす新たな課題に取り組んでいかなければならない．

11.2　背広服とイブニングドレス

a. アール・ヌーヴォーからアール・デコへ

19世紀末から20世紀初期にかけては，アール・ヌーヴォーからアール・デコへといった一連の造形運動が展開された．対象は日常生活を彩る工芸品であり，その分野は家具，食器，グラフィックデザイン，宝飾品と多岐にわたっている．これらのデザインに対する志向は人々の暮らし方や生き方への志向の表現でもあり，その装いにも同様のデザイン性が示された．

b. 紳士服のマナー

19世紀を通して，紳士たちの社交の場ではファッションのマナーコードがつくられていった．1860年代までは，昼間の正装にはフロックコート（ウエスト切り替えの裾丈が長いジャケット），夜の正装にはイブニングコート（前裾はウエスト丈で短く，後ろ裾は長くテイルを引いている）が着用された．その後，昼間の正装は前裾から後ろ裾に向かってカーブを描くモーニングコートにとって代わった．もともとは乗馬のときに前裾が邪魔にならないように考えられたデザインであったのだが，19世紀の紳士たちは午前中に乗馬をたしなみながら社交をする習慣があったことから，一般的な衣服へと受容されていったといわれる．これらの衣服はフォーマルな場面において現代にまで受け継がれてきている．

c. ラウンジスーツの台頭

このような正装に対して，1860年代にごくインフォーマルな衣服としてラウンジジャケットとよばれるものが登場してくる．ウエストに切り替えがなく，身頃のダーツもとらないストレートなシルエットのジャケットである．当初はディナーの後に，ラウンジルームで酒やタバコを嗜みながらくつろぐときに着用されていた．さらに，共布で仕立てたストレートな筒状のズボンとヴェストとを組み合わせて，カジュアルウェアとして着用するスーツへと発展した．それまでの紳士服と比較して，このデザインの特徴はゆったりと直線的なことであった（図11.3）．かつての紳士服は，身体のラインを完璧に表現し，その性的魅力をアピールした．一方，ラウンジスーツは適度なゆとりがある，活動的なスタイルであった．

一般大衆は早い時期からこのラウンジスーツを一張羅のごとく正装として着用

する傾向にあったが，上流階級の人々がたとえば職場，教会または公的な行事といった公の場での昼間の正装として着用するようになったのは，1910年代以降のことである．ここに現代の背広服の形が完成するのである．1930年代にはシャツとカラーもソフトなものが好まれ，カラーは取り外し式ではなく，本体に取り付けられた．ブランメルにならって19世紀の紳士たちが格闘したネッククロス（7.2節参照）も姿を消し，ラウンジスーツのVゾーンを飾るのはネクタイとなった．

さて，日本語の背広服の語源には諸説がある．日本にラウンジスーツがもたらされたときに，在日外国人がそれをシビルコート（civil coat＝一般市民服）と発音したのを耳にして，あるいはイギリスの一流の紳士服店が集まるサヴィル・ローという地名が変化して，といった具合である．その中で，当時着用されていたモーニングコートと比較して背幅が広くゆったりとしていたから，という説は背広服のデザインの特徴を明確にしていて興味深い．

ラウンジスーツの直線的なデザイン性はアール・デコの感覚とマッチするとともに，簡便性と軽快な身のこなしを求められる現代感覚の現れでもあろう．

d. Sカーブラインのドレス

アール・ヌーヴォー期には，バッスルスタイルからさらに変形して胸部をやや前方にせり出し，腰は後ろにぐっと突き出したS字型のシルエットのドレスが流行する．コルセットでつくり上げられた極端に細いウエストと曲線的なシルエットは，アール・ヌーヴォーの工芸品のような有機的な造詣を体現したものであった．日本では女性らしさを表現する所作として「しなをつくる」という言葉があるが，Sカーブラインとはまさにドレス自体がしなをつくったシルエットといえよう（図11.4）．

男性服以上に女性のドレス・コードは細分化されていた．上流社会の貴婦人たちは，出かける時間，場所，機会に合わせて装いが詳細に規定されていたため，1日のうち平均5〜6回の着替えをしている．イブニングドレスだけでも，舞踏会用，オペラ用など4〜5種類，コートもまたオペラ用，レストラン用と2種類あった．その作法は複雑で厳格な規則で定められ，年代によっても変化したが，簡潔にいえば時間帯が遅くなるに従い，さらに正式な場のドレスほど，豪華な装飾と肌の露出部が多くなることが特徴であった．このような装いのマナーは社交界という特殊な世界で，他者から見られることを強く意識した衣服である．オペ

図 11.3　新旧の装い（1927 年）
左：ラウンジスーツ, 中：ガルソンヌスタイル, 右：モーニングコート.

図 11.4　S カーブラインのドレス（1906 年）

図 11.5　ストレートなスタイル（1913 年）

ラ座やディナーの席では女性たちの白熱した装いの戦いが繰り広げられていたのである．

e.　ストレートなスタイルの登場

しかし実際のところ，ウエストを極端に締めつけるコルセットや過度なまでの衣服のマナーは，非常に不合理なものであった．女性解放運動や女性教育の高まり，科学的な健康への意識の芽生え，ラファエル前派による新しい女性美の提言などから，20 世紀初頭には新たなモードが登場する．

1906 年，ポール・ポワレはコルセットを着用しないハイウエストのドレス「ローラ・モンテス」を発表する．このドレスは古代ギリシャのキトンを思わせる直線的な裁断で，簡素で軽く，大きなセンセーションを巻き起こした．色彩もレオン・バクストがデザインしたバレエ・リュスの衣装の影響を受け，大胆かつ鮮やかなもので大変評判になっている．ポワレはこのほかにも，大きな四角い袖のコート（後に自伝では「キモノ・コート」と表現している）など日本や古代ギリシャの影響を受けたデザインを発表し，フォルムと色彩において大きな変革をもたらした．こうしたポワレのドレスは，当時の装いのマナーにおいて分類不能であった．そのため世間は当初困惑を示したが，しだいにそれらは新しい時流となり，1910 年頃までに全般的にドレス・コードは単純なものとなり，従来の意

識や生活習慣を大きく変えた（図11.5）．

　ポワレはコルセットを拒否し，ドレスの単純化を図ったので女性の身体をドレスの束縛から開放したかのようにとらえられるが，一方，同時代のホブルスカートのように裾幅が狭くよちよち歩きしかできないスカートをデザインしたところをみると，あくまでもドレスを造形物の1つとしてしか考えていなかった面もある．同時期にマドレーヌ・ヴィオネは身体を立体としてとらえ，バイアスカットをはじめとする画期的な裁断技術をもって女性の身体を包み込むようなドレスを発表していった．社会に認知されることでは遅れをとったがやはりコルセットを否定し，自然の身体の美しさを表現することを目指した．マリアノ・フォルチュニはプリーツ加工した布の特性を生かして身体のラインをシンプルに表現することに成功した．

f. 新しい女性像

　第一次世界大戦後，生活形態の変化にもより，モードは活動性，機能性が重視されてくる．とくに注目すべき点は何百年と女性の脚部を包み隠してきたスカートの丈が短くなったことである．1920年代には流行のタンゴやチャールストンといった活気あふれるリズムのダンスを激しく踊り続ける，ミモレ丈のドレス姿の女性を目にするようになる．ダンスホールでそれらのドレスに身を包んだ女性の姿は，羽根，ベール，スカーフといった軽快な装飾品がゆらゆらと揺れ，ライトの中でビーズやスパンコールがきらきらと光り，まさに自由な時代を謳歌しているようであった．

　1922年のヴィクトル・マグリットの小説にみる女性像（職業をもち，男性と同様に振る舞い，髪型はショートカット，胸がなく痩せた体型）が多くの女性に支持され，小説の題名『ラ・ガルソンヌ』は新しい女性の風俗をさす言葉となった．このガルソンヌスタイルをモードにおいてリードしたのがガブリエル・シャネルである．シャネルはそれまで下着の素材であったジャージーを外出着に使用し，装飾性よりも活動性，着心地のよさを追求した．黒い色調を愛好し，常に主体性をもって生きる女性のためのデザインをした．シャネルはポワレの華やかでエキゾチックな装飾性の強いデザインを批判した．これは当時の建築やクラフト運動にみられた機能と装飾のせめぎあいの，服飾における一側面でもあろう．

11.3 食の合理性とおいしさの追求

a. 便利な食品

20世紀前半は，第一次および第二次世界大戦などの戦争がヨーロッパ各地で起こり，戦場になった国々は大きな打撃を受けた．後半は，女性の就業率が高くなるにつれ簡便食品が普及し，食の外部化も進んだ．

1) ビン詰・缶詰 1804年フランスのニコラ・アッペールが広口ビンを使用し，調理した食品をビンに詰め，コルク栓をゆるくはめ，30〜60分煮沸，ビン内の空気を排除したあと，栓をしめての食品の長期保存に成功した．

また，1810年イギリスのピーター・デュランドはブリキ缶を使用し，同様に食品の保存に成功した．この頃，長期保存の原理はまだわかっていなかったが，パスツールの微生物発見によって腐敗の原理が明らかとなり，ビン詰や缶詰といった生産方法が確立され，大量生産されるようになる．これは，戦争中，軍隊の食糧としてもおおいに役立った．

2) 冷凍食品 冷凍食品は，低温流通施設の完備，また家庭における低温貯蔵設備と電子レンジの普及により，急速に広まった．冷凍食品は，肉や魚など産地で捕獲後すぐに冷凍し輸送される素材冷凍食品と，工場ですぐに食べられるように加工した調理冷凍食品がある．冷凍食品は -18℃以下に保っていれば，無添加で安全性のある加工食品で，収穫期以外でも野菜が供給できるなどの便利さがある．冷凍食品は，国連食糧農業機関（FAO）と世界保健機関（WHO）合同の食品規格委員会で国際的統一食品規格・基準の作成が進められている．

3) 食料品小売商 フランスのマドレーヌ広場にあるフォションやエディアールはかつて高級だった香辛料商エピシエ（EPICIER）の名残である．おいしさの追求を怠らないフランス人であっても，現代は，働く女性が多く，これらの惣菜売り場で売っているシャルキュトリー（ハム，ソーセージ，テリーヌなど），チーズ，サラダで夕食をすます家庭も増えている．

b. 新しい調理法

20世紀の新しい調理法をあげるとすれば，家庭では，まず電子レンジ加熱，圧力鍋があげられるが，外食産業では，真空低温調理とクックチルシステムがホテル・レストランや大量調理施設に多大な影響を及ぼした．

1) 真空低温調理　真空低温調理とは，1979年代半ば，フランスのジョルジュ・プラリュにより開発されたもので，1985年パリ―ストラスブール間の列車食堂で採用されたことに始まる．素材を生のままあるいは下処理後真空包装し，58～100℃の湯せんやスチームコンベクションで加熱する調理法である．その後急速に冷却し低温で保存しておき，必要時にあたためて供する．この調理法のメリットは，真空パックにするので素材そのものがもつ風味や旨みが封じ込められ均一的に味がしみ込むこと，難しかったタンパク質性食品の加熱が容易になり，0～3℃で一週間も保存できるなどがあげられる．

　パックになっているので，仕上げ時，厨房が汚れず「見せる厨房（現在はガラス張りになって，レストランの厨房が見えるところも増えている）」が可能になった．また，15時間働いていたコックも暇なときにたくさん仕込みをしておくことができるため，大幅な労働時間の短縮もできた．

　また企業では，工場でつくっておいたものを低温で流通させ，店頭ではアルバイトでもあたためて提供できるという利点もあった．しかし，嫌気性菌の繁殖の恐れがあるため扱いには十分注意が必要なこと，味が画一化してしまうなどの欠点もある．

2) クックチルシステム　クックチルシステムは1960年代後半にイギリスやスウェーデンで開発され，1970年代末以降，欧米の大型病院で広く導入されたものである．調理法は，常圧または，高圧で調理したものを，微生物の繁殖の危険温度帯をいち早く通過させて冷やし，保存性を高めるという方法である．真空調理がある程度おいしさを損なわぬよう考えられているのに対し，クックチルシステムは安全性に重点が置かれ，味の面ではまだ研究の余地があるように思われる．しかし，メニューが単一化しやすい病院や学校給食では，クックチルシステムにより，バラエティに富んだ献立が期待され，おいしい食事が提供できるようになりつつある．

c. フランス料理の流れ

1) ヌーベル・キュイジーヌ（Nouvelle Cuisine Francaise）　エスコフィエの体系化したソースに代表されるフランス料理は約100年にもわたり，フランスを中心とした世界各国のホテル・レストランで，世界の公式料理としてさまざまなレセプションや宴会などに用いられた．しかし従来のルー（roux）を用いたソースは，エネルギー所要量が少なくなった現代の食生活には少々重いので，小麦粉

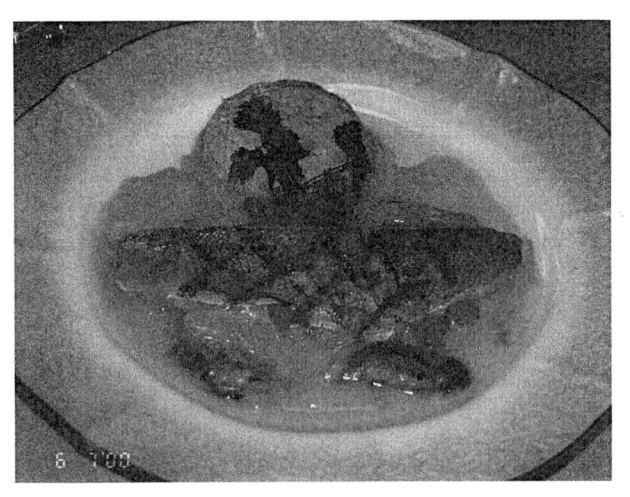

図 11.6 ヌーベル・キュイジーヌの例

を用いずにソースに粘度をつける方法が考案された．また新鮮な素材を求めることにより，材料のもち味を生かし，不必要な下処理（マリネなど）を省いた新しい流れが，ポール・ボキューズらにより始まった．それをヌーベル・キュイジーヌとよび，その料理法の特徴は，素材の良さを生かし，ソースの仕上がりにバターやクリームなどでコクを出すところにある．このように20世紀のフランス料理は，従来の重く，作業工程の多い調理方法から，新しく素材を生かした軽い方法へと変化した（図 11.6）．

2) 地方料理の時代　世界の3大珍味といわれるトリュフ，フォアグラ，キャビアをふんだんに用い，あらゆる高級素材を追求したヌーベル・キュイジーヌであったが，あまりの流行の勢いで本来の主題がおき去りにされ，生焼けの魚，固すぎる野菜，旨味のないソースなど，本来の意図からはずれたものも出てきた．そのため，反省期に入り，忘れられていた地方料理の良さを見直そうという動きがみられるようになった．フランスの各地方に残る名物・伝統料理や，ダコワーズやカヌレドボルドーに代表される伝統菓子など，地方に古くからあった素材や料理方法をもう一度見直し，それを取り入れた料理法へとさらに発展した．

3) 現代のフランス料理へ　世界的な健康ブームで，フランス料理もバターをなるべく少なく，焼き汁を生かしたソースを用い，南フランスの地中海沿岸のオリーブオイルを用いたさっぱりとした料理がパリの3つ星レストランでも出さ

11.3 食の合理性とおいしさの追求　　　123

図 11.7　フランス，ダックス地方の菓子（手前中央：ダコワーズ）

図 11.8　新しいフランス料理

れるようになった．さらに，カロリー表示をしたり，脂の使用が少ない日本料理の調理法を取り入れるなど，世界一といわれるフランス料理も常に変化をし続け，現在に至っている（図 11.8）．

12. 大正ロマンの世界

12.1 文化住宅とシンプルライフ

a. 新しい生活と新しい住宅

　明治期は開国によって一気に欧米文化が導入され上流階級を中心に生活の洋風化が進んだが，大正期にはそれらが伝統的な日本文化と融合することで大衆化していった．江戸時代からの封建的な考え方が打破され家族観が転換したことから，住宅はそれまでの接客中心の間取りから家族の生活を中心とした間取りになり，生活そのものも使用人を廃した家族本位の生活へと移行していった．現代の生活・住宅は大正期にその原形が確立されたといえる．

　1) 和洋折衷の小住宅　　明治初期の富裕層は日常生活の場である和風の母屋と接客用の洋館との二重生活を送っていたが，明治後期になると裕福な庶民の中にもその生活様式を模倣し，小規模な和風住宅の玄関脇に1～2室の洋室を付設した住宅をもつものが現れた．それらの洋室はたいてい応接室や書斎など主として接客の場として利用されていた（図12.1）．洋風化が進んだとはいえ，日常生活では依然として伝統的な和風家屋での床座(ゆかざ)スタイルが続けられており，その点からも和風住宅の一部に洋室を組み込んだ和洋折衷の住宅は一般に受け入れられ，しだいに定着していったのである．

　2) 居間中心の間取り　　接客よりも家族の生活を大切にしようとの考えから，接客空間の象徴であった玄関や書院造り風の座敷をやめ，その分の面積が家族のための居間に向けられた．居間は洋風で，家族の憩いの場として最も日当たりの良い南側に面し，住宅の中心に配置された．またプライバシーの面から各部屋の通り抜けをしないですむように中廊下が設けられた．家族生活や家事効率の点から居間の隣には台所が配置されたが，これは台所の設備が衛生的・機能的に改善されたことから可能になったものである．

　3) 台所の改善　　それまでの台所は一部床張りの土間で，座り流しにしゃがんで作業をしていた．しかしそれでは家事は重労働で非効率的であり，また衛生面でも問題があった．さらに，それまでは家事手伝いのために使用人を置くことが一般的であったが，家族本位のシンプルライフという観点から家事は主婦が1人で担うようになった．家事効率を上げて負担を軽減するために，立ち流し・壁

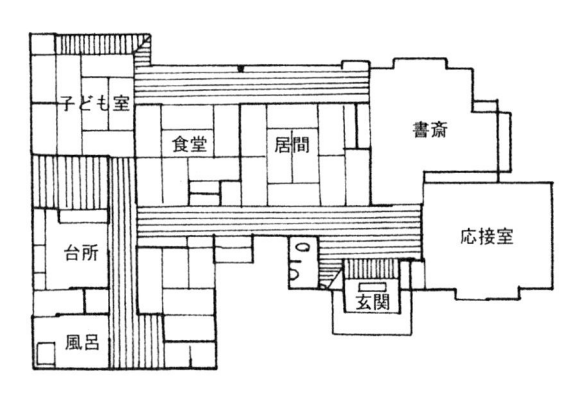

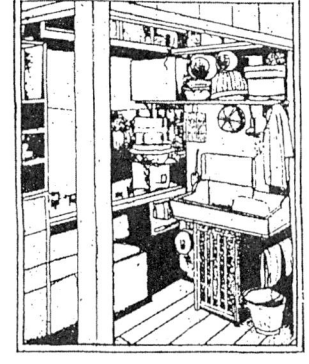

図12.1 当時の和洋折衷住宅の例
遠藤 新設計，1915年，家庭博覧会出品作．

図12.2 家庭博覧会に展示された1畳半の実物模型の台所
（内田ら編，2001）

面収納などで台所の面積を縮小して動線を短くする工夫がなされ，電化製品や現在のシステムキッチンにあたる炊事台などが徐々に取り入れられて家事の合理化が進められた（図12.2）．

4) 在来住宅の洋風化　洋風化の流れとして玄関脇に洋室を付設した住宅が広まっていったが，洋室はあくまでも接客空間であり，家族の日常的な生活空間ではなかった．開放的で融通性のある使い方ができた伝統的な和風住宅での生活とは異なり，洋室は各室が壁で仕切られており「応接間」のように室名がつけられて用途がはっきりと固定されていた．一方で，在来の住宅は兼好法師の『徒然草』に「家の造り様は夏を旨とすべし」とあるように，高温多湿な日本の夏の気候に対処するため冬の寒さには対応しておらず，また各室は壁ではなく襖や障子といった建具で仕切られていたことから独立性を欠いていることが問題であった．そこで日常生活の場である在来住宅に洋風の利点を取り入れ，各室を壁で区切って気密性を高め，室内に暖房装置をつけるなど在来型の住宅の洋風化も行われた．

b. 洋風住宅の大衆化

洋風の外観や椅子座（いすざ）の生活は当初はシンボル的な側面をもっていたが，留学や視察で欧米に行った人たちが帰国して生活様式をそのままもち込んだり，西洋人宣教師が布教活動の一貫として自宅を開放するなど，実際の生活を伴った洋風住宅を一般の人が目にする機会も徐々に増え，また生活をテーマにした博覧会や生

活改善・住宅改良が行われ，洋風は日常生活の中に定着していった．

1） 家庭博覧会　1915（大正4）年には国民新聞社の創業25周年記念事業として，家庭生活をテーマにした「家庭博覧会」が開催された．明治以来和洋折衷が進んだ家庭生活を整理し，新しい方向性を見いだそうとするもので，住宅や台所の実物模型が展示され，目指すべき生活の方向として洋風が具体的に打ち出されていた．

2） 生活改善　文部省主催により1918（大正7）年には「生活科学展覧会」，1919年から1920年にかけては「生活改善展覧会」が開催され，さらに翌1921年には生活改善展覧会が全国主要都市を巡回したことから全国的に家庭生活の合理化・洋風化が進むことになった．またこれをきっかけに1920年には建築学・家政学の関係者による生活改善を継続的に進めるための外郭団体「生活改善同盟会」が設立され，生活に関する問題の具体的改善方法を各調査委員会が発表するようになった．

3） 住宅改良運動　生活改善同盟会の住宅改善調査委員会では1920（大正9）年に「住宅改善の方針」を発表し，① 椅子座の生活，② 家族本位の生活，③ 衛生・防災に配慮した設備，④ 家庭菜園など庭の実用的利用，⑤ 家具の改善，⑥ 共同住宅及び田園都市を奨励，という6つの方針により具体的な洋風化を提案した．

4） 文化住宅　住宅改良運動が進行する中，1922（大正11）年には東京・上野で平和記念博覧会が，大阪では住宅改造博覧会が開催され，実物住宅による新しい住宅の方向性が示された．上野の会場が「文化村」と命名されていたことから，そこに展示されたような洋風の外観で椅子座を多く取り入れた住宅を「文化住宅」とよぶようになった．ここでいう「文化」とは特定の様式をさすものではなく，「新しいもの」という意味の総称で，ほかにも「文化鍋」「文化包丁」「文化アパートメント」などのように使用されていた．上野に出品された14棟の住宅のうち12棟は椅子座の洋風居間を平面の中心にしたもので「居間中心型住宅」とよばれ，家族本位の生活を具体化したものとされた（図12.3）．

c. 都市化の進行と新しい住まい方

大正期には産業構造の変化により工業化が進み，労働力を必要とする大都市に人口が集中するようになり，都市には勤労者のための集合住宅が増え始める．一方1919（大正8）年の都市計画法により耕地整理による宅地化が認められると，

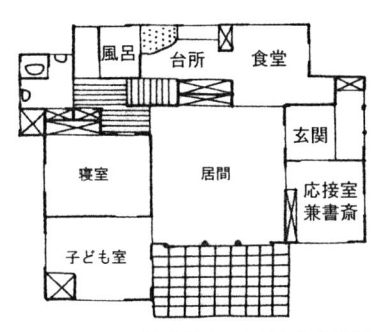

12.1 文化住宅とシンプルライフ

図 12.3 東京平和博覧会に出品された居間中心型住宅の例

郊外住宅の整備も進められるようになり，民間の鉄道会社・土地会社などにより田園都市を理想とした郊外型住宅の開発が進められた．

1) 公営住宅　都市への人口集中とそれに伴う物価の上昇を背景に，1919年頃から地方公共団体や東京・横浜・名古屋・京都・大阪・神戸の6大都市では，国からの低金利融資を利用して勤労者に対する公営の集合住宅供給事業に取り組んでいる．集合住宅内には住戸のほか店舗・浴場・食堂・クラブハウスなどの福利施設があり，ひとつのコミュニティが形成されていた．

2) 同潤会　1923（大正12）年の関東大震災により東京では多くの木造住宅が焼失した．そこで翌1924年には住宅復興を目的に，全国から寄せられた義援金の一部で財団法人「同潤会」が設立された．同潤会はまず被災者のための仮設住宅供給を行い，それが一段落すると都市の不燃化・高層化を目指した鉄筋コンクリート造の都市型集合住宅の建設に着手した．都内を中心に建設された同潤会のアパートは，耐震耐火構造，水道・電気・ガスの完備，流し・調理台付きの台所，水洗トイレなど，当時としてはあまり普及していなかった近代的な設備による新しい生活様式を提案するものであった．

3) 田園都市　都市に集合住宅ができる一方，郊外の開発も盛んになり，1918年頃からエベネザー・ハワードの「田園都市」をモデルにした郊外住宅の整備も行われた．1923年に分譲された東京の田園調布では，生活改善運動の反映により中央地区は外観を洋風に統一するなど，街区の美観に対して住民の申し合わせが行われており，洋風の住まい・生活・家族観が理想として示されていた．

12.2　洋風の和服

　大正時代においても，一般の人々の衣生活は前の明治時代と同様の傾向を示していた．とくに女性の場合は大正末期に至るまで和服中心の衣生活で，たとえば，1925（大正14）年に今　和次郎が銀座で行った調査でも，男性の和装は100人中33人であるのに対して，女性の和装は100人中99人という割合であった．このように銀座という都会の真ん中でも，ほとんどの女性が日常着として和服を着ていたのであり，地方においてはその傾向はさらに顕著であった．

　しかし，和装の中身を具体的にみていくと，明治後期から大正期にかけて，服飾・染織それぞれの分野において，ヨーロッパの影響を強く受けているのである．

a. 和装素材としての毛織物

　開国によって明治時代には，わが国にはさまざまな珍しい外国の品がもたらされ，モスリン，セルジス，フランネル，羅紗などの毛織物も，主にヨーロッパから入ってきた．明治30年代に入ってからは原料の羊毛を輸入した毛織物の国内生産も本格化し，明治末から大正時代にかけて毛織物の流通量は著しく増加した．そして，モスリン，セルジス，フランネルはそれぞれメリンス，セル，ネルとよばれ，日常着用の和装素材として普及していった．単衣に仕立てて夏物と袷との間の時期に着られることも多かったが，それは和装における季節ごとの衣替えの習慣に反する新しい着方でもあった．

　なお，モスリンは唐縮緬という和名でもよばれ，絹織物の縮緬の代用品としての用いられ方が多く，木綿の着物にモスリンの帯というのは，貧しい庶民の女性たちの代表的な服装だった．フランネルは男女を問わず庶民のくだけた普段着の装いや，比較的裕福な人々にも室内着や寝巻として着用された．一方，モスリンやフランネルに比べてずっと高価であったセルジスは，裕福な階層の男性に日常着として好んで着用された．

　化学染料もまた明治時代にわが国に入ってきた．そして，明治10年代にこれを使っての型友禅の技法が完成した．伝統的な手描き友禅に比べて大量生産が可能で価格的にも安価である型友禅の技法は，絹織物だけでなく，新しい素材であるモスリンにも積極的に用いられた．明治30年代には機械でのローラー捺染に

12.2 洋風の和服

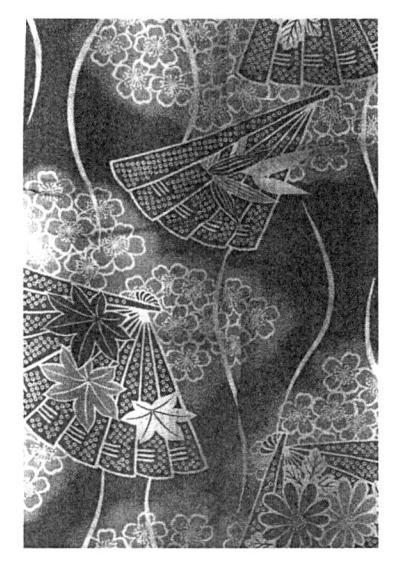

図 12.4 モスリン友禅，明治末期～大正時代

図 12.5 インバネス姿，大正初期（毎日新聞社，1959）

よる模様染めも開始され，模様が華麗で丈夫であり，しかも価格が比較的安価であることから，モスリン友禅は実用向きの品として広く需要があった（図 12.4）．その結果，新作の模様が次々に発表され，着物，袴，長襦袢，帯，洋傘などモスリンの利用範囲は広がっていき，大正・昭和初期にかけての，モスリンの全盛期ともいえる時代を形成していった．

一方，厚地毛織物の羅紗は和装用外套として取り入れられていった．

b. 和装用インバネス

インバネスあるいはインバネスコートとは，イギリスのスコットランド地方の地名をそのまま衣服の名称としている男性の防寒用外套である．袖なしのコートの上にケープを重ね着したようなインバネスという外套が，明治の文明開化期の日本に入ってきて，その形状から「とんび」や「二重廻し」，「二重外套」などとさまざまな和名でよばれ，和装用に用いられて，明治後期から大正・昭和初期にかけて広く普及していった（図 12.5）．

当初は洋装用の膝丈のまま和服用外套として着られたが，その後，着物をおおうほどに丈が長くなり，下駄，あるいは靴を履いて，カバン，帽子，コウモリ傘といった洋風の小物とともに用いられ，最新流行の和装用外套として新聞・雑誌

の広告や挿絵にも非常に数多くみられるようになった．また，一度あつらえたインバネスは，染め替えや仕立て直しをしたり，古着として売買されて，非常に長い歳月にわたり着用され続けた．

このようにして，インバネスはヨーロッパからもたらされた舶来の高級な衣服からよくみかけるわが国特有の丈の長い衣服へと，そのイメージを変化させ，皮肉にも第二次世界大戦後に和装が廃れるとともに姿を消した．

c. 和服における洋風の意匠

明治30年代から大正期にかけて，後にデパートとなる白木屋・三越・高島屋といった大手の呉服店は，それぞれが独自に染織図案を募集し，作品をつくって販売するようになった．

一方，美術学校や工芸学校には図案科が設けられ，染織図案の教育によって若い図案家が養成されていった．ここで教育に携わった人々は当代を代表する図案家であり，その中心になったのはヨーロッパへ留学して新しいデザインの様式を学んだ人たちで，それをわが国の染織文様に取り入れることに尽力した．

また，わが国が大規模に参加した1900（明治33）年のパリ万国博覧会を契機として，ヨーロッパの新しい様式がわが国に到来した．

このようにして，明治30年代に，織物や型友禅の模様の中に，当時ヨーロッパで最も斬新な意匠であったアール・ヌーヴォーの様式が取り入れられていった．草花の蔓や茎の意匠，あるいは伝統的な古典柄である流水や鳳凰の尾などにも，アール・ヌーヴォー様式の特徴である曲線や渦巻きが巧みに用いられた．また，洋蘭などの洋花の模様もみられるようになった．

その後，和服の模様はだんだん大きく派手になっていき，大正から昭和初期にかけて裕福な子女の振り袖にも大柄模様が用いられだした（図12.6）．大柄の模様のほか，複雑でにぎやかな縞，派手な縞や目先の変わった縞，はっきりした縞などの竪縞が流行した．

大正後期には，ヨーロッパにおける意匠の近代化とアール・ヌーヴォーの曲線の単純化を求めるアール・デコのデザインの影響を受けた，幾何学模様などの平面的で簡潔な意匠が和服図案に取り入れられた．

帯の模様も，明治末期には洋髪やアール・ヌーヴォー様式を取り入れた和服に調和するような洋風の模様が流行したが，大正時代に入ると，重々しい模様はだんだんと好まれなくなり，直線的な模様が多くみられるようになった．大正半ば

12.2 洋風の和服

図 12.6 和装の女性
『風俗画報』第 468 号, 1915 (大正 4) 年 3 月.

頃からは強烈な色・派手な柄あいに織ったり染めたりしたものが流行し，優しい草花模様などはほとんどみられず，色彩ははっきりして模様は概して大きくなり，大正末期には，アール・デコ風の和服の流行に調和するようなモダンな柄が現れた．

半襟(はんえり)は流行のきざしがまっ先に現れるものであり，地質・地色・模様ともに洗練された複雑なものがいろいろと工夫された．模様は染めや刺繍，絞りで年齢や流行に応じて施されたが，着物の地色や模様，縞柄の移り変わりにつれて変化していき，半襟の流行は数カ月しかもたないともいわれた．なお，大正末期の半襟には見事な刺繍が多く，半襟を大きくみせる着付けとの関係から模様は横に広がった．

ところで，大正ロマンの世界を描いた代表的な画家の 1 人に竹久夢二がいる．彼は浴衣や半襟のデザインも直接手掛けており，それらは実際に商品として販売されていた．したがって，染織図案家でもあった夢二の描いた女性達の衣服こそは，まさにアール・ヌーヴォーからアール・デコの時代の意匠そのものであったといえよう．

🍴 12.3　コロッケの流行

a.　和洋折衷料理の定着
1)　日常食の変化

　♪ワイフ貰ってうれしかったがいつも出てくるおかずは　コロッケコロッケ
　　今日もコロッケ明日もコロッケ　これじゃ年がら年中コロッケ

　1917（大正 6）年，三井物産社長男爵益田 孝氏の子息，益田太郎冠者がつくった『コロッケの唄』は当時の都会生活者の一面がうかがえるものとして共感をよび，一世を風靡した．ジャガイモのコロッケは 1898（明治 31）年頃からみられるようになり，家庭では肉を挽いてつくっていた．

　明治時代に手あたりしだい取り入れられた洋風の文化，食品，料理は，大正時代になってさまざまな形で吸収・同化され，一般家庭にも定着し，日常化していった．食材に外来のものが混在したり，それまでになかった調理方法（ソテーなど）を用いたり，あるいは献立の中に和のものと外来のものが混在（ハンバーグとご飯など）する"折衷料理"が，大きく広まっていくのである．

　明治中頃以降に各種婦人雑誌で紹介されるようになった新しい料理のつくり方には奇抜なものも多く，評判は賛否両論であった．しかし，大正期に入り，徐々にこなれてきて和風の材料に洋風の調理法を組み合わせた「なすの揚げ物」や「さといものフライ」，また，洋食に和風の調味料を取り入れた「牛肉の卵閉じ」や「叩き肉とキャベツの甘煮」など実用に即したものが確立されるようになった．洋風のフライ料理や油料理，牛豚肉料理が家庭の食膳にものぼるようになり，肉食を和風に考案した牛肉飯や肉うどんのようなものも登場し，日常食が急速にますます豊かになった．

　当時の献立をみると，朝：味噌汁・焼き海苔，漬け物など．昼・夜：フライ，バター焼き，ハンバーグ，カレーライス，オムレツなど（1925（大正 14）年刊『365 日毎日のお惣菜』）と，西洋料理が多く取り入れられており，その割合は 7：3 程度であったという．和料理であっても，その具材にはキャベツやジャガイモといった西洋野菜も使われるようになっていた．いずれも主食は米であり，このご飯が淡白でどんなおかずにもよく合うことが，西洋料理やシナ（中国）料理などの外来料理，折衷料理の形成にも大きく影響していると考えられる．

カツレツは明治期のヒット商品であるが，この頃はまだ牛肉が使われている．大正になって豚肉のカツレツ＝トンカツが生まれ，庶民的な惣菜として広まった．これは豚の飼育頭数とも関係があり，1912（大正元）年には牛の1/4にも満たなかった豚が，1924（大正13）年には半分以上にまでその飼育頭数を伸ばしている．これは大正末期から昭和にかけての中国料理の発達に深くかかわっていく．

さらに日常食の発達と関係が深いものにラジオ放送がある．小菅（1991）によれば，1925（大正14）年から始まったラジオ放送では家庭向け番組の中で料理や食物，栄養に関する講演が行われていたという．著名な料理教師や料理長が講師となり，毎日全国に放送された．これにより年間少なくとも300種余りの料理が放送されたことになる．さらにこの放送に合わせてテキストが発行されており，この特徴としては大さじ，小さじなどの調味料の分量が細かく公開されていることにある．これはこの後の料理書へ少なからず影響を与えていた．

2) 兵食からの発達　西洋の食材や料理が日常食になるパターンとして，海軍など兵食(へいしょく)に採用されることがきっかけになることが多かった．

カレーは兵食から発展したものともいわれている．山本嘉次郎著『日本三大洋食考』に「近頃農村ではライスカレーが流行っている」とあるが，入隊した地方の青年たちが，カレーの味とつくり方を軍隊から地元へと，広めたのである．1903（明治36）年に今村弥が国産のカレー粉を発売．1914（大正3）年には岡本商店が「手軽にできて美味，食欲の進まぬ時，突然の来客のあった時，之が一番」が謳い文句の，湯で溶いて肉と野菜を入れるだけという「ロンドン土産即席カレー」を売り出した．日本食は調理が複雑で手がかかるが，カレーは具を入れて煮込めばよく，簡単なため，誰もがつくりやすかった．つくりおきもでき，便利な料理であったので，一般家庭へも浸透しやすかったのであろう．

パンの普及にも兵食が密接にかかわっている．当時，頑なに主食を米一筋にしてきた陸軍省が海軍省と同様，兵食にパンを採用したことは後の学校給食にも影響を与え，1920（大正9）年4月の読売新聞では小学校の給食にパンが目立って利用されるようになったことが報じられている．

ハムが海軍に採用されたのは1917（大正6）年である．当初は軍艦をはじめ，レストランなどでの業務用の需要が多く，一般家庭にはなかなか広まらなかったが，「ハムや鶏肉にトマトソース笥，青豆，玉葱其他調味料を加へて罐詰にしたもので御飯があれば何の材料もいらずすぐに美味しい洋食が出来ます」と謳った

「ハムライスの素」がハムメーカーの富岡商会から売り出されると洋食屋で人気になるなど，徐々に一般にも広まっていった．

ほかにも兵食がきっかけで広まった西洋料理は数知れないことであろう．菓子の項にも出てくるビスケットもその1つである．

b. 食事形態の変化

明治末期から大正期にかけて，カフェ，ミルクホール，喫茶店，ビヤホールの類が数を増し，家庭外での飲食の機会がさらに増加した．カフェの先駆けに洋画家の松山省三がつくった「カフェプランタン」がある．しかし，ここは大正時代の代表的な作家である永井荷風や志賀直哉などが常連で，価格も高く，一般の人々にとっては高級であった．一方，ブラジル風の「カフェーパウリスタ」はコーヒー1杯5銭，ドーナツ5銭など，大衆的なメニューと当時としては破格の値段により支持を集め，日本各地に進出していった．カフェが芸術家たちの社交場の印象が強かったのに対し，ミルクホールは学生街や問屋街に定着していた．ビヤホールの最初は1899（明治32）年の恵比寿のビヤホールである．この頃は0.5 l が10銭と，決して安くはなかった．

明治期から現れたそば屋，うどん屋は全国的に最も多かったが，これらにも洋風化の波は押し寄せた．東京のそば屋は関東大震災を境に店の内部を畳敷きから腰掛け式に変え，さらに巷で流行していたカレーライス，カツ丼，カツライスなどに対抗して，ネギとそばつゆを使った和洋折衷のカレーそば，カレーうどん，カレー丼なども考え出していった．おでん屋台が流行し始めたのもきわめて庶民的な傾向を示している．従来の一般料理屋が会席料理を主体としているのに対し，これらの店は即席料理であることを建前とし，安価で気軽であった．

1897（明治30）年以降，カツレツなどの一品料理を売る洋食屋が現れた．テキ，カツ10銭，ポークチャップ15銭，カレーライス5銭などで，チキンライスやコロッケもあったという．また，シチュー，サラダ3銭．フライ，ビフテキ，ソテー，ハヤシビーフ，ライスカレー，コロッケ7銭．オムレツ8銭などの屋台のような店も現れた（『明治・大正くらしの物語』1978年）．

c. 西洋菓子

西洋菓子で最も古いのがカステラと金平糖であるが，カステラが日本に入ったのは1571年というからほかの比にならない．明治期にも米津末造の風月堂は1893（明治26）年にビスケット，1903（明治36）年にウエハースを出している．

図 12.7 1923（大正 12）年開店の森永キャンディーストア
『明治・大正くらしの物語』1978 年.

風月堂はいち早く菓子の量産化を達成し，1892, 93（明治 25, 26）年には陸軍省に大量に納めている．アイスクリームは 1902（明治 35）年頃から銀座の資生堂と函館屋とで売り出している．しかし，本格的に西洋菓子が大衆のものとして口にされるのは大正期である．

外国人と接する機会の多かった横浜では 1918, 19（大正 7, 8）年頃にプリンやクッキーをおやつに食べていたという人もいたようである（『明治・大正くらしの物語』1978 年）．文明堂が東京に初めてカステラをもち込んだのが 1922（大正 11）年である．長崎カステーラが三越の店頭で実演販売をし，たちまち有名になった．1923（大正 12）年に不二家が開店し，森永製菓のショーウィンドウとして「森永」が開店したのも同じ年である．ここでは，キャラメル，マシュマロ，ゼリービーンズ，チョコレートを販売していた（図 12.7）．

パリでフランス風菓子を習得して帰国した門倉国輝がコロンバンを開店したのは 1924（大正 13）年である．コロンバンの当時のお客さんはお金に糸目をつけない人が多いとの評判で，本場フランス菓子もかなり人気があった．

1910（明治 43）年出版の『日本百科大辞典』に「和洋折衷菓子」という項がある．ここにはレモン最中（もなか），チョコレートおこしなどアイデアあふれるお菓子が出ている．このように大正期にはさまざまな創意工夫をし，豊かな食生活を取り入れようとする日本人の強い意志が感じられる．

13. 昭和のモダニズム

13.1 インターナショナルスタイルの住宅

a. インターナショナルスタイルとは

19世紀末から20世紀初頭にかけてヨーロッパでおきた近代建築運動の影響を受けて，1930年代にわが国においてもインターナショナルスタイルの住宅が登場した．合理主義と機能主義に裏打ちされたこれらの住宅は，日本人に新しい空間概念を提案しただけでなく，新しいライフスタイルをも提案した．

1) インターナショナルスタイルの確立　19世紀後半にイギリスで発生した「アーツ・アンド・クラフツ運動」を契機として，19世紀末から20世紀初頭にかけてさまざまな近代建築運動がヨーロッパ各地に波及した．フランスでの「アール・ヌーヴォー」，ドイツでの「ユーゲント・シュティル」，それらに続くフランスの「エスプリ・ヌーヴォー」，ドイツの「表現主義」などである．

これらの近代建築運動は，従来の造形や様式を否定して，新たに合理的・機能的な造形を追求する運動であった．各地で数多くの近代建築運動が発生したが，1920年代に入ると，急速に進展する工業化資本主義にそぐわない運動は自然淘汰され始めた．その中で1つの大きな流れとなったのは，合理的・機能的な建築は国際的に普遍性をもつ建築である，という思想に基づく「インターナショナルスタイル」であった．

インターナショナルスタイルの確立と普及に大きな影響を与えた3人の建築家がいる．ワルター・グロピウス，ミース・ファン・デル・ローエ，ル・コルビュジエである．とくにグロピウスとル・コルビュジエらが主導して開催されたCIAM（近代建築国際会議，1928～56年）が，合理主義や機能主義の思想を建築界に浸透させる契機となり，インターナショナルスタイルの世界的な普及に貢献した．

2) インターナショナルスタイルの特徴　インターナショナルスタイルは，近代の工業化社会を背景にして確立したため，近代的な工業材料と近代的な構造形式を採用することによって可能となる造形である．近代的な工業材料とは，鉄，ガラス，コンクリートであり，近代的な構造形式とは，ヨーロッパで従来用いられていた壁構造とは異なって，柱梁構造を採用するものである．

また，インターナショナルスタイルの外観は，白く平坦で無装飾の外壁と陸屋根で構成されているのが特徴である．いわば単純な白い箱形をイメージさせる造形である．壁面は，柱梁構造を用いることによって可能となる大きな開口部を有しており，合理性・機能性の観点から無意味な装飾は徹底的に排除されている．

b. 日本でのインターナショナルスタイルの住宅

1) 新しい概念の提案　ヨーロッパで発生し世界中に普及したインターナショナルスタイルは，その影響を受けた日本人の若い建築家が留学などから帰国することによって，わが国にも浸透していった．彼らによって導入されたインターナショナルスタイルの住宅は，従来の伝統的な造形や様式にとらわれないばかりでなく，新しい空間概念やライフスタイルをも日本人に提案するような，画期的な住宅であった．

日本におけるインターナショナルスタイルの住宅は，戦前の一時期，とくに1930年代に多くつくられた．その代表的なものには，石本喜久治による東郷青児・宇野千代邸「白い家」(1931年)，谷口吉郎による「谷口邸」(1935年，図13.1)，土浦亀城による「土浦邸」(1935年)，堀口捨己による「若狭邸」(1939年) などがあげられる．

2) 日本での特化　近代的な工業材料と構造形式を採用することによって，インターナショナルスタイルの平面構成・立面構成は成立するのだが，実際には必ずしも近代的な工業材料が用いられたわけではなかった．従来の材料や構造を用いて，擬似的にインターナショナルスタイルのデザインを施したものも少なくない．

1930年代に日本でつくられたインターナショナルスタイルの住宅と称される

図 13.1　谷口邸（谷口吉郎設計）

ものの多くは，木造であった．当時の建築家が目標としたヨーロッパのインターナショナルスタイルの住宅は鉄筋コンクリート造であるのに対して，実際に日本でつくられたものは木造であるのは特筆すべきことである．それは，日本では従来から木造の柱梁構造が用いられていたため，インターナショナルスタイルの住宅の特徴の1つである開放的なファサードを設計する際に，あえて鉄筋コンクリート造の柱梁構造とする必要がなかったためである．

また，個々の住宅の空間構成をみてみると，当時の建築家たちが新しい概念を吸収し消化しようとする試行錯誤の跡がみてとれる．たとえば，東郷・宇野邸ではミースやル・コルビュジエの作風を連想させるデザインが施されていたり，若狭邸では日本の伝統的な思想に裏づけられた平面構成となっていたりする．当時の日本におけるインターナショナルスタイルの住宅には，内部の空間構成が未整理のものや未成熟のものが多くみられるが，その先見性や創造性においては高く評価されるべきであろう．

3) 代表的な作品例　　土浦邸（図 13.2，図 13.3）は，フランク・ロイド・ライトのもとで帝国ホテルの設計などに携わった土浦亀城が 1935 年に設計した自邸である．

大きな開口部のある白く平坦な外壁と陸屋根で構成されており，インターナショナルスタイルの特徴を完全に満たしている．内部は地下から地上2階まで，廊下や間仕切りがほとんど存在せず，スキップフロアや吹き抜けによって立体的に空間が構成されている．それは，伝統的な日本の家屋にみられる空間構成とは異

図 13.2　土浦邸外観（北田英治撮影）

図 13.3 土浦邸内部（北田英治撮影）

なり，きわめて開放的な空間の連続となっている．土浦邸は，従来の日本人がもち得なかった新しい空間概念を，立体的に構築することで見事に表現したのである．

4) 一般的なライフスタイルとの乖離　インターナショナルスタイルの住宅は若い建築家によって提案されたが，庶民にはなじみの薄いものであった．その多くは建築家の自邸であったことから，インターナショナルスタイルの住宅は建築家自身が新しい造形を消化するために設計した実験台としての意味あいが強かったといえよう．

当時の庶民の一般的な住宅は，依然として続き間のものや中廊下式のものなど，従来の間取りを配しているものが圧倒的に多かった．日本人のライフスタイルがまだ家父長制の強い影響下にあったため，このような従来の間取りが広く支持されていたと考えられる．つまり，当時の一般的な日本人のライフスタイルには，インターナショナルスタイルの住宅に相応する合理的・機能的な生活空間に適応しきれない部分が多くあったのである．

このように，わが国の住宅建築に画期的な概念を提案し，大きなインパクトを与えたインターナショナルスタイルの住宅であったが，それが1つのスタンダードとして定着するには，建築活動が実質的に停止状態となった第二次世界大戦の期間を経て，戦後を待たなければならなかったのである．

13.2 モダンガールの誕生

a. 西洋風俗の流入

1) モダニズム　大正末期から昭和初期にかけて，モダニズムという風俗が人々の生活に大きな影響を与えた．これはヨーロッパやアメリカの文化が，都市生活を営む一般大衆に流入したことによる．第一次世界大戦後，国際主義，文化主義の風潮が漂う当時の日本においてモダニズムとは，勢いを増してきたマスコミの力と西欧文化の活発な移入とによっておこった1つのブームだった．西洋の合理主義の思想と，その風俗に触発された価値観の変化が，日本の生活分野における近代化を促すこととなった．

このような風潮の中で，モダンガールという言葉が流行した．モダンガールとは西洋風の新しい流行風俗を取り入れた断髪・洋装・洋風化粧に象徴される女性像である．この言葉が社会に登場した1924（大正13）年頃には，近代的精神をもった自立した女性像と雑誌で提唱された．しかし昭和に入り，一方で軽佻浮薄，享楽的な若い女性に対する軽蔑的な言葉であるとも解釈されるようになった．モダンガールはこのように二重の側面をもつ言葉でもあった．

2) 西洋風俗の摂取　都市部では西洋風俗が人気をよんだ．百貨店では外国から招聘した外国人デザイナーを雇い，そこで展示販売される洋服や西洋家具などは人々の目を楽しませた．「銀ぶら」が流行し，カフェ，ジャズやダンスといった享楽的な娯楽が流行する．数々のシネマが放映されると，そこに登場するグロリア・スワンソンやノーマ・タルマッジなどの女優の化粧の研究が雑誌で記事となった．このような西洋風俗が人々の生活に夢や憧れを植えつけ，女性の装いにおいて服装や化粧，髪形に影響を及ぼしたことはいうまでもない．

b. モダンガールの諸相

この時期の雑誌には，モダンガールと記述されている女性たちが登場する．研究者の妻である福島慶子は夫とともに海外生活を体験し，記者の取材の場には洋装でのぞみ，煙草を吸う．そのモラルにとらわれない姿がモダンであると評された．また国際会議の場で，振り袖を着てにこやかにほほえむだけの他の令嬢たちのなかで，すっきりとした洋装で英語を話するブルジョワの令嬢，河合治子は，真の知性をもったモダンガールであるとたたえられた．しかしこれらの富裕階級

13.2 モダンガールの誕生

図 13.4 スナップ（銀座と日比谷）
『婦人画報』1928（昭和3）年9月号.

図 13.5 佐々木房子（後の佐々木ふさ）
『婦人画報』1927（昭和2）年2月号.

の夫人，令嬢たちは夫や父親の理解と庇護のもとで生活をしており精神的，経済的自立がどれほどできていたのかは不確かであるといえるだろう．

　また音楽家や小説家といった女性の芸術家たちの中でモダンガールと自他ともに認められた小説家がいた．青山学院を卒業し，語学に堪能で小説を書き洋風の生活をおくる佐々木ふさはたびたび雑誌の取材をうけ，たとえば居間に置かれたソファに座り，コナン・ドイルを読むその姿がモダンだと記事にされている．しかし，このようないわば人々が理想とするモダンガールは実際にはごく少数であった．

　1927（昭和2）年に多数の職業婦人が働く丸ビルのモダンガールが公序良俗（こうじょりょうぞく）に反する行為を行ったとして新聞で取り沙汰された．大正後期から職業婦人が都会に働く新しい婦人像として脚光を浴びるようになっていた．結髪，電話交換手，婦人ガイド，タイピスト，女店員などさまざまな職種がみられたが，そのような中で昭和の初め近代化の象徴である丸ビルに働く女性たちは当時の人々にとってはお洒落なモダンガールといわれる存在であった．そのうちの1人の不品行な行いがセンセーションをよび，モダンガールは一気に悪評を浴びるところとなった．

以上のように，富裕階級から，一般の職業婦人までさまざまな立場にモダンガールといわれた人々がおり，このことが先述したように自立の精神をもつ近代的な姿と，また一方で軽佻浮薄な姿をもつと，批評されることとなった．

c. モダンガールのファッション

1) 服装　1928（昭和3）年にやっと普通選挙が実施され，まだ階級制度や前近代的な慣習が存在していた当時，一般庶民にとってすぐに西欧式の生活スタイルを導入することは，思想的にも経済的にも簡単ではなかった．しかし，徐々にではあるが増加する職業婦人，テニスなどの西洋式スポーツへの参加という女性の生活の変化に伴い，機能性を衣服に求める傾向がでてきた．1919（大正8）年頃からは女学校で制服として洋装が採用され，子供服などは家庭のミシンで縫われることもあった．また生活改善運動に伴い雑誌にも改良服の型紙や仕立て方が掲載され，市民が衣服を経済的に製作できる下地をつくった．しかし，実際には銀座街頭での調査では洋装婦人は1925（大正14）年1％，1933（昭和8）年でも7％にすぎなかった．そんな状況の中で流行の洋服を着用したのが，モダンガールであった．

この時期，洋装に関してはじめはアメリカ経由で1年かけてフランスのファッションが伝えられた記録がある．また，衣服の研究者によって数週間でパリからの直接のファッション情報も伝えられた．たとえば山脇敏子は農商務省の嘱託という身分でパリで，手芸，洋服，編み物の研究をし，雑誌にファッションの流行の情報を写真つきで送ったり（図13.6），帰国後は銀座に洋服店を開きハイセンスな洋服を作製している．富裕階級のモダンガールはこのような店で製作された流行の衣服を着用した．また当時のフランスの雑誌『アール・グー・ボーテ』をまねて『婦人グラフ』が日本でも発行され，ファッションプレートをまねたカラーのイラストなどが掲載された．また洋服の裁断図も掲載され，一般の婦人もこれらを参考に洋服を作製することが可能だった．モダンガールが話題になった1927年の流行は当時のパリファッション（11.2節e項参照）から影響を受けた直線的なライン，ローウエストで膝丈のスカ

図13.6 巴里の流行・ロンシャン競馬場
『婦人画報』1927（昭和2）年1月号．山脇敏子の記事より．

ートにクロシェ帽であった．

　また洋風で派手な色柄の着物を着，帯を胸高に結び，パラソルなどの洋風小物を持った当世風の着物姿のモダンガールといわれる人々もいた．

2) 髪 型　1921（大正10）年頃から耳をおおう「耳隠し」という束髪が一般に流行し，ごく初期の頃には耳隠しがモダンガールの髪型の1つであったが，1925年頃から昭和初期にかけて断髪すなわちボブカットが毛断（モウダン）ガールと掛詞され，モダンガールの象徴となった．本来，緑なす黒髪は女性の美の証であり，断髪は二夫にまみえないという意味があったにもかかわらず，海外のシネマ女優の髪型が掲載されるとモラルにとらわれないお洒落な女性たちは断髪を選択した．断髪は手入が簡便で，機能的でもあった．また1927年頃にはパーマネントも登場する．

図13.7　『御婦人手帳』1927（昭和2）年（資生堂）

3) 化 粧　大正末期までは，明治から引き続き水白粉（みずおしろい）によるお化粧が一般的であり，正式の外出用には着物の着用に合わせ襟足まで刷毛（はけ）を使って塗るものであった．しかし，徐々に海外のシネマの女優の化粧法が流行し始めた．ナチュラル，フレッシュ，オークルといった色のパウダーで顔色を調節し，目のふちをアイラインで隈取（くまど）り，頬に紅を挿し，唇をくっきりと紅く描く洋風化粧がモダンガールの化粧といわれた．しかし，ある評論家は雑誌の座談会で本当のモダンガールは化粧をしないとも述べている．つまり「新しい女性の象徴」としてのモダンガールは派手な西洋風の装いであるが，精神的な意味あいをもったモダンガールは，見せかけにはとらわれないと考えていた人もいたわけである．

　以上みてきたように，モダンガールは表層的にみれば西洋のファッションの模倣であったが，そこに西洋風の考え方である自立や性の解放という，西洋風俗から影響を受けた精神性をみることができる．そして生活分野においてその精神を行動に表し，当世風の装いをした女性が善し悪しにかかわらずモダンガールとよばれたのである．

13.3 洋食の常食化

a. 飲食店の変化

明治期に文明開化の象徴として西洋料理が取り入れられ，宮中の晩餐(ばんさん)料理にも用いられるようになったが，それはまだごく一部の階層の外食やハレの席での食事であって，庶民の日常食とはかけ離れたものであった．大正期になると，生活改善運動の中で折衷料理が生まれ，家庭の食膳にもしだいに影響を与えるようになった．昭和期に入ると，最初は都市を中心にして，やがては地方農村にまで，洋食は日常食として浸透していった．

1923（大正12）年の関東大震災を境に都市の食生活，とくに外食は大きく変化した．震災の翌年には神田に大衆食堂「須田町食堂」が生まれ，和・洋・中の食事が簡便に供されるようになった．それまでは，そば屋などには，履物を脱いで上がるのが普通であったものが，震災後の復興した店では，椅子に腰かけ，テーブルで食べるようになった．そば屋の献立にも，ライスカレー，カツ丼など日本化した洋食が登場した．

支那(シナ)料理店，洋食店，喫茶店が流行し，東京とその周辺には，西洋料理店5000軒，支那料理店1000軒があるといわれた．この西洋料理店のほとんどは，ライスカレー，ハヤシライス，トンカツなど日本化した洋食を食べさせるものであり，パンではなく，ライスで食べ，西洋の醤油であるソースをかけて食べてもかまわない洋食店であった．また，支那料理店も，正式な中国料理ではなく，シナソバ，ワンタン，チャーハン，シューマイなどの手軽な料理を供する場所であった．

大正期まではいわゆる「洋食屋」とよばれて，和食屋と区別されていたが，昭和になると，飲食店は和食と洋食を併営するのが普通となった．むしろ「日本料理店」の名で和食専門店を区別しなければならないほど，洋食は一般に広まった．このころから登場する食堂デパートとでもいうべき総合食堂やデパート食堂などのショーウィンドウには，和・洋・中の各種料理や折衷料理が並ぶようになった．

このように，食が多様化し，和洋料理がうまく融合していくことにより，西洋料理は大衆化し，日本の食生活に洋食が普及することになった．

b. 家庭料理の変化

 昭和初期になると，都市の中流以上の家庭においては日本化した洋食をつくることが始まり，肉料理も急激に増えた．当時の婦人雑誌の調理記事にもそれがうかがえる．たとえば「家庭惣菜西洋料理」といった記事や「お惣菜向けの洋食の作りかた 300 種」といった別冊付録などが現れる．また，『主婦の友』創立以来続いている企画「一週間の模範的献立料理」をみると，初期の 1920（大正 9）年前後では 1 週間のうちに洋風料理，肉類は 3 回ぐらいしか出てこない．ところが，1935（昭和 10）年前後になると非常にたくさんの洋風料理や肉類が登場してくることがわかる．1 日 3 食のうち 1 食ぐらいは洋風料理，肉類が食べられている．また，家で食べたいというだけでなく，外食としても求められていたことがその特集記事からわかる．「新宿の名物一品料理」の記事では，紹介されている 6 品の料理のうち，5 品までがほぼ洋風料理であった．1 品だけが名物の「いもぼう」とハマグリ鍋という和風である．そのほかは中国と西洋，あるいは和洋の折衷であった．このように婦人雑誌に洋風料理が紹介されるようになったほかにも，ラジオが料理番組を放送するようになったり，国立栄養研究所の「経済栄養献立」が主要新聞に毎日連載されたりなど，食の情報がマスコミ媒体にのるようになり，洋風料理が家庭の食卓に浸透していった．

 また，昭和になって結球ハクサイや，キャベツ，パセリ，セロリ，カリフラワー，トマトなどの洋野菜の需要に応ずるため，その作付面積が急増した．それまで日本では，野菜の生食はダイコンおろし以外にほとんどなかったが，洋野菜の普及につれて生食の習慣が定着した．江戸時代にも渡来していながら食用されなかったトマトが食品として普及したのは，品種改良とともに，その栄養価が宣伝されたためであった．このような洋野菜や果実の改良と普及も，家庭料理に影響を与えた．

c. 生活様式の変化

 都市の家庭には，ガス，水道を取り入れた台所が普及し，震災以降の文化住宅においては，立ち式の流しや調理台が採用された．これによって，土間と調理場の間を往復したりすることがなくなり，食べる場所と台所が同一平面となり機能的になった．食器は，陶磁器の製造が機械化されるとともに製品の価格が安くなり，遠距離輸送も盛んになると，漆器に代わって各地に普及していき，簡素軽量で硬質のものが使用された．また木地製のものも，代用漆を使ったり，樹脂加工

図 13.8 ちゃぶ台（農山漁村文化協会編，1999）
同潤会アパート（東京・青山）で 1934（昭和 9）年 5 月に撮影されたもの．手前の電熱器ではトーストが焼かれ，ちゃぶ台の上にはバター，妻は紅茶を手にし，洋風の朝食がとられている．

品で漆器に似たものもつくられ，普及していった．西洋料理の普及に伴い，鉄・銅の合金やガラス製の食器が増加した．スプーン，フォークの使用も広まるが，洋風食品を箸で食べることも多かった．

　また，それまでの各人が個人専門の食器と膳をもち，決められた座にすわって食事をとるという長らく続いた風習から，しだいに西洋料理が家庭でつくられるようになるとともに，ちゃぶ台（洋風食卓をまねたもの）が現れ，家族も共有，共用の食器で食べる型が定着していった．銘々膳(めいめいぜん)を前にした家父長制度を反映した座順ではなく，家族全員が同じ食卓を囲み，同じものを食べるようになり，食卓は家族団らんの場へとなっていった．

d. 社会構造の変化

　このような食生活の変遷の背景には，日本の経済体制の変化がある．1919（大正 8）年には日本の工業生産額が農業生産額を超え，日本は農業国から工業国になった．産業構造の変化とともに，都市におけるサラリーマン層などの中産階級が増大した．生活水準が向上していく一方で，マーガリン，サラダオイル，ハム，ソーセージ，中華麺などを供給する食品産業が発達し，輸入食品も増加した．缶詰食品や氷冷蔵庫が広まりだして，食品の保存効果も進歩した．手仕事の部分が

13.3 洋食の常食化

表 13.1 昭和（戦前）食生活史年表

年	出来事
1926（昭和元）年	カレーライスが庶民の食べものとして定着する． 折衷料理のトンカツ，コロッケも家庭の味となる． 箱膳にかわってちゃぶ台が日本人の代表的な食卓となる． 東京に初めてワンタンが登場する．
1927（昭和2）年	東京新宿の中村屋，カレーとライスを別の容器に入れた高級カレーライスを売り出す．
1928（昭和3）年	北海道製酪販売組合（現雪印乳業），ビン詰ピメントチーズ（現プロセスチーズ）を製造，翌年出荷するが，返品多く1年で製造中止する． 国産イーストによるパンを製造，開発する．
1929（昭和4）年	寿屋（現サントリー）国産初のウイスキーを発売する．
1930（昭和5）年	オリエンタル酵母会社設立．国産イーストが勃興する． 宮内庁，国産ハムを採用する． 野菜，果実，蓄牛の冷凍食品を発売する． デパートの食堂ではお子様ランチや洋食が人気となる．
1931（昭和6）年	東京上野駅前に料理店を開いた「楽天」の主人がトンカツの看板をはり出す．トンカツの語の初めという． 森永製菓，チューインガムを発売する．
1932（昭和7）年	富岡商会，わが国初のソーセージ缶詰を製造する．
1933（昭和8）年	畜産加工業（現プリマハム）を創業する． ブラジル政府が巨費を投じて，日本を中心とする極東地区に，ブラジルコーヒーの宣伝を開始する． バー，カフェ，喫茶店が盛況となる．
1935（昭和10）年	お座敷天ぷらが盛んとなる．
1938（昭和13）年	東京銀座にホットドック立ち食いの屋台が現れる．

多かった伝統的な暮らしの物質的基盤が産業化することによって，新しい暮らしの様式が実現し，食生活などに大きな影響を与えた．また，和と洋の食が調和し折衷化していくことで一般に受け入れられ，西洋の料理技術や食の知識は印刷媒体，放送媒体を通して普及していった．

こうして日本人の食生活は大きく近代化しつつあったが，この傾向に歯止めをかけたのが日中戦争から第二次世界大戦に至る一連の戦時体制の出現であった．

14. 流行は世界に [20世紀後半]

14.1 nLDKスタイルと商品化住宅

a. 集合住宅とDK

戦後，国の全国的な住宅難対策として，公共の手による住宅建設が始まった．ここでは，研究者たちが実際の住生活に関する緻密な住み方調査を行い，それに基づいた生活像を組み立てた上で，合理的・近代的な新しい住空間を提案した．顕著な例としては1951年度公営住宅標準設計「51C型」（図14.1）があり，2つの独立した居室（畳敷き）と台所・食事室（洋室）の3室を中心とする間取りからなる．ここでは，2つの居室の間に壁を設けることによる個の空間の確保，食事室と台所を兼ねることによる機能分化が計画者側から提案されている．この生活様式はしだいに全国に普及し，一般の戸建住宅にも大きく影響していった．

都市部への戦後の急激な人口集中で，都市は慢性的な住宅不足となっていた．そこで，土地の高度利用と耐震耐火を備えた鉄筋コンクリート造りの集合住宅が，都市住宅として一般的に受け入れられるようになっていく．日本住宅公団が1955年に設立され，この「公団アパート」のダイニングキッチン（DK）と2つの和室を組み合わせた「2DK」型（面積40 m^{2}弱）の住宅が一世を風靡し，都市生活者の憧れの住宅像となった．居住者の多くは若い核家族で，食事室兼台所のダイニングキッチンの中心には椅子式の食卓が置かれ，住まいの中にはさまざま

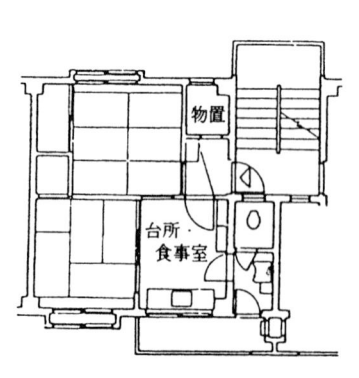

図 14.1 公営住宅51C型（1951年） 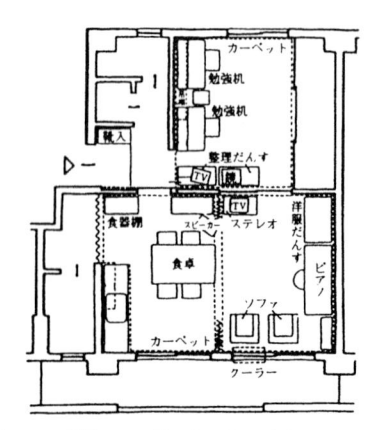 　　図 14.2 公団2DK型の住み方例（鈴木ら，1984）

14.1 nLDKスタイルと商品化住宅

な家電製品や家具が備えられていく（図14.2）．高度経済成長期には所得水準も上昇して，冷蔵庫，洗濯機，掃除機などの家電製品がどの家庭でも購入され，テレビ，ステレオ，ピアノ，応接セット，飾り棚などの家具類も急速に揃えられていった．

畳敷きの和室でさえ，絨毯（じゅうたん）を敷きピアノやソファを置くといった椅子式の生活が好まれるようになり，これら洋風家具がしだいに「居間」という固定された空間を形成していった．公団では「1DK」から「3DK」にわたる部屋数を変化させた型を用意し，さまざまな家族構成に対応させていた．これらの個室は，受験戦争の激化とともに，まず子供たちに子供部屋として与えられ，余裕がある場合に夫婦の寝室にあてられるという順番であった（図14.2）．

b. nLDKスタイルの戸建住宅

戦前でも規模の大きい公共住宅の建設においては設計という計画行為が必要であったが，一般の住宅建設では直接居住地の大工・工務店に工事を依頼することが普通であり，建築家の設計の手が入ることはほとんどなかった．戦前の住宅では，部屋は6畳間とか8畳間などとよばれ，1つの部屋で食事，接客かつ就寝もし，畳敷きの和室をいくつかの用途に「転用」して用いたのである．しかし戦後になって，建築家の設計した小住宅も現れだし，欧米型住まいをモデルとする合理的で近代的な生活「モダンリビング」が提唱された．この考え方は，畳に座る生活から椅子式の生活への移行，個々の生活行為に対応した部屋を計画する機能分化，動線の短い合理的な間取り，封建制を象徴する格式性の排除（接客中心から家族中心へ），主婦の家事労働の軽減の5点を中心とする．図14.3は機能主義の代表的な建築家池辺 陽の示した住居の基本組織図である．モダンリビングは椅子座中心の間取りと，プライバシーの確保を目的とした独立した個室の確保であり，ここで提案された空間の機能分化と生活の洋風化は，アメリカ文化の影響と戦前の様式や伝統に対する反発の気運などから，とくに都市の若い世代に受け入れられた．これがしだいに一般の戸建住宅に浸透して現代のnLDKスタイルに発展した．

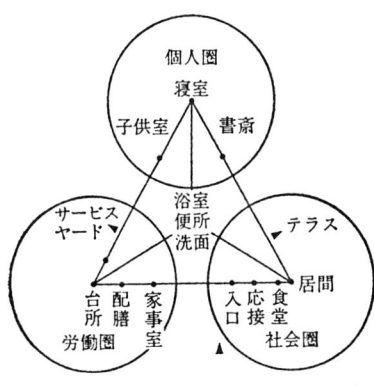

図14.3 住居の基本組織図（池辺, 1955）

nLDK スタイルとは，n 個の個室＋リビング（L）・ダイニング（D）・キッチン（K）を中心として構成される住宅の呼称であり，たとえば子供室3つに夫婦用寝室1つの場合は，4つの個室＋LDKであり4LDKとよぶ．家族の団らんの場としての居間（living）と食事の場としての食堂（dining），調理の場としての台所（kitchen）の3つを表すLDKは，各々が3室に分離していたりオープンな1室であったり2室＋1室であったり，そのバリエーションはさまざまに研究されているが，基本的には近接したひとまとまりとして家族生活の中心に配置される．この居間に隣接して畳敷きの和室を設けることも多く，日常的には居間の一部として用いながら，来客時には家具を片づけて客間として用いることもある．また子供1人1人に子供部屋を確保した結果として面積に余裕がなくなり，仕方なくこの和室を夜だけ夫婦の寝室として用いるケースもみられる．皮肉なことに，このような和室の利用の仕方のみに，1つの空間をさまざまな用途の部屋に変化させる空間のフレキシビリティ（融通性）という日本住宅の伝統が残されており，狭小な住宅を住みこなす手法となっている．

西山卯三の提案した「食寝分離」の影響，加えてプライバシーを尊重する欧米の住居の「就寝分離」が広まり，かつては襖や障子で柔軟に仕切られていたいくつかの部屋も，「居間」「個室」といったある1つの機能のための分化された部屋として独立していき，部屋の使われ方は固定的になっていった．このようにして人の集まる部屋としては「居間」「食事室」「客間」，個人の部屋としては「夫婦の寝室」「子供部屋」というよび名で，部屋が示されるようになっていった（図14.4）．

さらに，夫婦間や子供間でも個室が望まれ「誰々の部屋」という個人のための

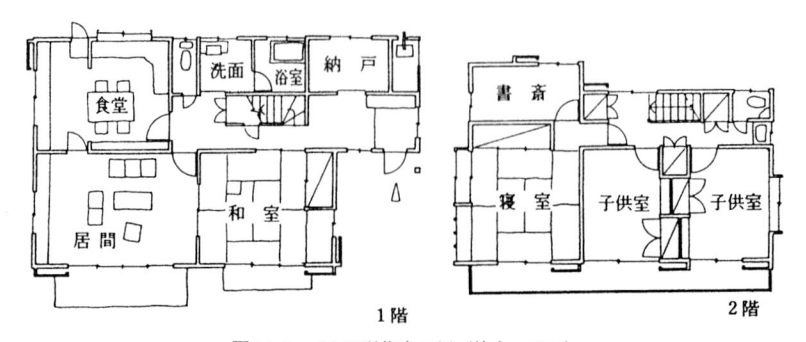

図 14.4 nLDK 型住宅の例（鈴木，1994）

部屋が望まれるようになった．家族全員が自分専用のベッド・机・テレビなどの生活財をもつなど，家具や道具類は次々と増え続け，ものが住まいにあふれかえっている家庭は少なくない．豊かな生活の手助けをするために揃えた生活財が，結果的には生活を圧迫し，じゃまなものと化しているともいえよう．

c. 商品化住宅のゆくえ

　戦後の日本の住居で最も高度に変化したものは設備機器である．主婦の家事労働の軽減もモダンリビングの目標とされ，台所・衛生・給湯・冷暖房・換気設備など，高性能で便利なものが開発されたが，これらは設計の初期段階からその大きさやシステムを計画的に組み込む必要がある．また建築材料の中で工業製品の占める割合も多くなり，着工前の密度の高い設計と施工計画が必要とされるようになり，逆に建築現場での作業の自由度は少なくなった．自動車や冷蔵庫などと同じように，工業化の波は住宅にも訪れ，新規住宅メーカーが現れ，「○○ハウス○○型」という商品名の，建築工法・建築材料・設備機器などすべてをパッケージした規格住宅を生み出した．住宅を新築しようとする人が各地の「住宅展示場」を訪れ，そこに展示されるモデルハウスの中から自分好みの住宅を選び，その住宅メーカーに建設を依頼するというものである．また，バブル経済期には地価高騰も拍車をかけ，集合住宅は高層・高密化し，民間開発による分譲マンションの建設ラッシュもおきた．これに土地つき戸建住宅である「建売住宅」も含めた住宅市場が現れるようになり，「家を建てる」のではなく，「出来あいの住宅を買う」という行為も住宅取得の選択肢の１つとして加わった．これら商品化された住宅は基本的には大量生産の規格商品であり，日本全国どこにいっても「LDK＋個室群」という画一化された平面型である．また外観はイタリア風，ドイツ風，南フランス風など，洋風の外観を模倣したものも多くみられ，日本各地の地方性や気候風土に対する配慮は失われがちである．日本の伝統的な住文化は，自然との一体感，家族の統合，客や近隣に対し開かれた姿勢，空間の連続性，重層性への思い入れなどを基底としてきた．しかし，戦後，洋風化一辺倒に進んだ住まい方においては，これらの伝統は薄れてしまい，住居全体からみても，また各個室をみても，空間の独立化と閉鎖化だけが極端に進んでしまい，その結果，近隣関係や家族関係にひずみが生じてしまったようにも思える．

14.2　ジーンズとミニスカート

a.　アンチモードの時代

　20世紀後半，モード界は依然としてパリのオートクチュールを中心に動いていた．多くのファッションデザイナーは，パリコレクションを通して新しいファッションをシーズンごとに次々と発表していった．むしろモード界は，パリコレを経由しなければ，モードとはいえない構図になっていた．
　しかし1960年代にさしかかると，その構図に異変がおきる．パリのオートクチュールから生まれていた流行とは逆の現象（アンチモード）が現れるのである．その現象とは，後にストリートファッションとよばれるようになる，街中の若者たちの間から生まれた流行である．この節で取り上げる「ジーンズとミニスカート」は，その代表的なものである．
　若者の間から生まれるファッションの背景には，既成社会の体制に対する反抗，性のモラル，身体に対する意識の変化，音楽や映画が与えた影響，既製服業界の躍進など，いくつかの要因があった．そして時代によって，ヒッピー，サイケ，モッズ，パンクなど，若者たちの仲間意識によって集団が形成され，各地域に波及していき，一種独特の若者の世界が生まれていった．彼らの身に着けるファッションは，それぞれの集団を象徴するものとして存在していたのであった．またそれは，パリコレのファッションが依然として流行の推進を図っていた既成の体制に対するアンチモードを示すものでもあった．

b.　ファッションとしてのジーンズ

　ジーンズのおこりは，1870年にアメリカ西部のリーノウで仕立て屋を営んでいたジェイコブ・ディビスが，ほつれやすかった作業ズボンのポケットの部分をリベットで留めることを発案したことにはじまる．リベットで補強する案は，リーバイ・ストラウス社との提携によって特許が取られ，1873年にはジーンズの生産が始まった．そこでつくられたジーンズの最初のモデルが有名な「リーバイス501」（1890年）である．19世紀半ばにはミシンが実用化されていた当時のアメリカでは，規格化されたジーンズの大量生産が可能で，コストを押さえて製造することができた．丈夫で長もちし，丈の長さも裾を折るか，カットするだけですむ実用性の高いジーンズは，労働者やカウボーイたちの間でたちまち普及して

いった.

　女性用ジーンズの製造販売は，ジーンズが製造され始めてから約50年たった1938年に始まった．当初は，女性も男性用のジーンズをはいていたが，女性のジーンズが販売されると，そのデザインは「より女性らしい」ものに改良されていった．そこにはもはや労働のための作業着というイメージはない．かつて作業着だったジーンズは，ファッションとしてのジーンズに変わっていった.

　ジーンズは発売されて以来，不変的に老若男女に支持され続けてきたが，1950年代から1960年代にかけて，若者の間で爆発的な流行をよぶ．その要因には，当時の映画による影響のほかに，政治的社会背景があった．

　1950年代，ジェイムズ・ディーンやマーロン・ブランドなどの人気俳優が，映画の中で反抗的な不良グループの役を演じ話題をよんだ．そのとき彼らは，スクリーンの中で揃ってジーンズをはいていたのである．映画の中での彼らの反抗的なイメージが衣装のジーンズと結びつき，10代の若者の代弁者的な存在だった彼らのファッションが，若者に強い影響力を与えることになった．

　1960年代には，ジーンズは10代の若者の反抗的な感情を表すものから，世界各地でおこった学生運動の反体制の姿勢を示すものへと移っていった．フランスの5月革命や日本の全共闘とよばれた学生運動で，学生たちは大学の体制や権力に対し，さらには社会における革命の実現を求め，政治問題へと運動を激化させていく．そのとき彼らがはいていたジーンズには，どんなに激しい闘争にも強靱な態度で望んだ，学生たちの反体制感情が現れていた．

　このようにジーンズには，時代によって反抗的な，反体制的な意味をあわせもちながら若者の間ではかれてきた経緯があった．しかし，1970年代以降になると，すべての人がジーンズをカジュアルウェアとしてはくようになった．ジーンズは作業着や実用着から，若い女性のおしゃれの必須アイテムへと変化していった．それは皮肉にも，すでに政治の季節が終わっていたことを示していたのだった．

c. ミニスカートの登場

　1961年，ロンドンでマリー・クワントはミニスカートを発表し，1965年にはクレージュがパリコレでミニスカートを発表した．これは「ミニスカートの革命」とよばれ，モード界に衝撃を与えた．以来，カルダン，ウンガロなど，オートクチュールのデザイナーは次々とミニスカートを発表し，旋風を巻きおこす．

図 14.5 ジーンズ，1973 年（武藤・石山，1980）

図 14.6 ミニスカート，1967 年，東京（朝日新聞社，1999）

　もともとミニスカートは，フランスの避暑地で夏を過ごすときに着られたり，ロンドンの下町の若い娘が着ていたという．マリー・クワントはそれをヒントにミニスカートをデザインしたといわれている．そういった意味では，ミニスカートもジーンズと同様，街中から生まれたストリートファッションであり，また，これまでのファッションでは考えられなかった極端に短いスカートは，既成のものに対するアンチモードの姿勢を示すものだった．

　マリー・クワントが「異性を喜ばすため」，カルダンが「人を喜ばせたいときには寒さなど感じないもの」という逸話を残したほど，ミニスカートはファッションに対する女性の新たな意識を喚起させることになった．それはまた一方で，女性の身体に対する意識が，被覆によって女性のシルエットをつくりだしていたものから，胴体から伸びる四肢を意識したものに変化してきたことを示していた．

　ミニスカートの影響は既製服業界にも及んだ．1960 年代の既製服産業の発達に伴い，オートクチュールのデザイナーがプレタポルテを積極的に取り入れようとしていた時期に，ミニスカートはそのシステムに適応しやすいものであった．またこの頃，時期をあわせるようにしてパンティストッキングが登場したのも流

行を促す要因の1つとなった．

　日本でもヨーロッパから少し遅れてミニスカートは流行し，高度経済成長期を迎え，繊維業界，既製服業界が躍進しつつあった時期に大きく貢献した．1967年の「ミニの女王」とよばれたモデル，トゥイギーの来日は，中高年女性も巻き込んで流行にさらに拍車をかけることになった．ミニスカートの流行は長く続き，夏から秋へ季節が変わっても衰えることなく，季節にあわせてカラータイツやブーツといった流行の副産物も生み出した．メディアにおいても，ファッション雑誌に限らず一般週刊誌でも頻繁にミニスカートを巡る記事が掲載されていたことは，ミニスカートが日本においても革新的な流行現象だったことを物語っている．

d. 同時代現象としてのジーンズとミニスカート

　ジーンズとミニスカートの流行は，そのデザイン，素材，着心地からもまったく異なる2つの現象であるにもかかわらず，現在に至るまで素材やデザインを変えながら，常に若い女性のワードローブとして存在してきた．そこにはジーンズとミニスカートの流行現象に共通する，ある一側面がみえてくる．

　ジーンズは両脚を一脚ずつ布でおおい，ミニスカートは両脚をあらわにする．若い女性たちが街中を歩くときには，ジーンズは足のつけ根から，ミニスカートはそれに近いところから，両脚の動きがわかる．

　20世紀を迎えるまで，女性が脚を見せることはタブーだった．裾を引きずるようなドレスをまとい，脚の存在を否定するかのように振る舞ってきた女性たちは，時代の流れとともに徐々にスカートの丈を短くしていった．スカート丈が短くなるごとに女性は活動的になっていったが，そのたびに批判を浴びてきたのは，女性が脚の存在を現すことに対する世間の社会的抵抗もあったのだ．

　ジーンズ，ミニスカートにおける二肢の顕在化は，脚の解放をもたらしたと同時に，女性の身体の動きそのものを可視化させることになった．現在に至ってもいまだにジーンズやミニスカートが流行の道具になりえるのも，よりぴったりとしたジーンズへ，さらに短いミニスカートへと，若い女性がファッションを楽しみ，楽しませる要因がまだ残っているからである．

14.3 ファーストフードとグルメ時代

a. 戦後の食生活

1945年の第二次世界大戦終結後2〜3年は食糧不足で，お金があっても食べ物そのものがなかった．「栄養がある」とはカロリーが高い食品と同義語として用いられていた．この頃の平均寿命は50歳である．

1) 食糧難からの復興　1951年，札幌に日本初のラーメン店が開業し，女性の平均寿命は60歳を超えた．1956年には，コカコーラの市販が許可され，相次いで各種清涼飲料水が開発される．また，ブロイラーの大規模飼育が開始され鶏肉の入荷が安定し，入手しやすくなる．この年，インスタントラーメンが販売され，スーパーマーケットも誕生するなどがあり，簡便食品の誕生と，買い物時間の短縮などの点で家事の大きな助けとなった．

1960年電気冷蔵庫が普及し，炊飯器も浸透する．インスタントコーヒーが販売され，パンの工場生産が開始されるなどようやく食糧供給が安定してきた．さらに，1964年の東京オリンピックを契機に高度経済成長期へと突入する．

その頃，電子レンジが開発され，レタス，セロリー，カリフラワーなどの西洋野菜の需要が増加し，食生活も欧米化していき，女性の平均寿命は70歳を超えた．

2) ファーストフード時代　1971年，カップラーメン発売，ハンバーガー店進出など，忙しく働く日本人にふさわしいすばやく食べられるファーストフードが流行した．また，スナック菓子の販売，冷凍食品やレトルト食品も相次いで開発された．

b. グルメ時代

1980年代は，戦後の食べられればよい時代，新しいものを何でも取り入れる時代から，質（quality of life）を見直す時代となった．健康食とは何か，日本の食文化はどうなるのか，食事のあり方はどうあるべきかということが問われた．新しい食品の開発が進む一方で添加物や農薬の問題，公害病などの問題点も指摘された．

1) 食品の高級化　食べ物の質には安全性，栄養価，嗜好性，簡便性などあるが，そのうちの嗜好性に重点がおかれ，産地，素材，生産者にこだわった限定

商品などが開発され，現在に至っている．

　2) 外食産業　　戦後は食に対するアメリカの影響が大きかったが，グルメ時代には円高による輸入品の増加も手伝って，フランス料理，菓子に関する高級専門店が次々と開店した．フランスの3つ星シェフの来日や，多くの日本の若者がフランスへ料理や菓子の勉強に出かけ帰国後お店を開店するなど，日本におけるフランス料理のレベルは向上した．また，世界各国から食べ物が輸入される中，高級な料理，おいしい店などがグルメ情報誌やテレビ番組により注目され，1億総グルメ時代ともいわれた．

c. 今後の食生活

　日本の食生活は，戦後ゼロからの出発となったため，戦前の本膳を中心とした従来の食生活が一気に欧米化した．

　1) 現代の食生活　　日本古来の食生活は，塩分過多，脂肪不足であるが，欧米化によりそのバランスはとれ，和洋折衷型の食生活は，世界でも注目される良い献立となった．折衷料理には，素材の折衷，調理法の折衷，様式の折衷とがあ

図14.7　クロスオーバーのパーティー（三輪・吉中編著，1998）

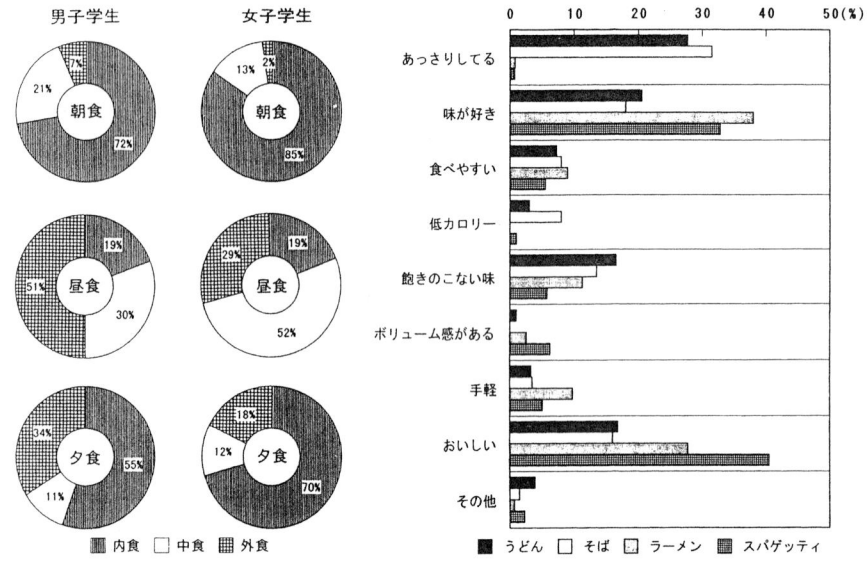

図 14.8 学生男女の内食，中食，外食の割合（渡辺ら，2000）

図 14.9 パスタおよび各種麺類の選択理由（飯田ら，1999）

るが，嗜好性を考え上手に組み合わせなければならないのでかえって献立の立て方は難しい．取り合わせて違和感のない献立として，若者のパーティ献立の一例を図 14.7 に示した．これは，前菜に口取り盛り合わせ，煮こごり，キッシュロレーヌ，メインにラムの香草焼き，パエージャ，三層塔，デザートにマンゴープリン，食前酒はボウレである．和洋中のすべてが入っていて，しかも違和感なく仕上げてある．世界中の料理が織りなすクロスオーバーである．

2）若者の嗜好 大学生は外食や，外食産業でつくられたものを購入して家で食べる中食が多い．そして外食は，堅苦しいフランス料理よりも，カジュアルなイタリア料理やエスニック（タイ，ベトナム）料理などのほうを好む傾向にある．図 14.8 に示すのは，大学生の内食，中食，外食の割合と，パスタおよび各種麺類の嗜好特性である．

図 14.8 に示したように，大学生は，夕食でも外食の割合が高い．また，買ってきて食べる中食も多い．しかも，図には示さなかったが，家庭で食べる内食であっても，孤食が多い．つまり，家族とのコミュニケーションは不足しがちである．また，麺類の中で大学生の女子はパスタ（スパゲッティ）を好むが，その選

表 14.1 よく食べる料理―上位6品目のエネルギーと PFC 比（飯田ら, 2001）

(1) 男子学生

順位	料理名	エネルギー(kcal)	PFC 比(%)	備考
1	ラーメン	323	20:18:62	
2	カレーライス	561	14:20:64	
3	丼もの	472	17:22:61	親子丼
4	菓子パン・調理パン	163 303	11:17:72 12:52:36	蒸しパン・カレーパン
5	チャーハン・ピラフ	466 417	12:33:55 11:21:68	カレーピラフ
6	うどん・そば類	277 446	12:10:78 16:24:60	タヌキうどん・キツネそば
	平均	381±123		

(2) 女子学生

順位	料理名	エネルギー(kcal)	PFC 比(%)	備考
1	菓子パン・調理パン	163 303	11:17:72 12:52:36	蒸しパン・カレーパン
2	みそ汁	54	27:52:21	豆腐とわかめ
3	スパゲティ	624	15:28:53	ミートソース
4	サラダ類	174	12:62:26	ポテトサラダ
4	おにぎり	378	9:4:87	
6	カレーライス	561	14:20:64	
6	うどん・そば類	277 446	12:10:78 16:24:60	タヌキうどん・キツネそば
6	サンドイッチ	439	14:32:54	ミックスサンド
6	野菜炒め	165	33:36:31	五目炒め
	平均	326±180		

択理由は,「おいしい」「味が好き」とかなり嗜好中心に選んでいた（図14.9）. このことは，ほかの嗜好調査でも，同様の結果であった．つまり，大学生は，外食や中食で，自分で選択して食べ物を選ぶ機会は多いが，嗜好中心の選択を行い，食べたいものだけを選び，栄養のバランスは考慮に入れていないと考えられる．

今後，大学生が心身ともに健康な食生活を送るためには，若者の嗜好に合ったおいしくて栄養バランスのよい，簡単な食事が求められるであろうと考えられる．

15. 21世紀の生活文化

🏠 15.1 個をつなぐ住まい

a. ワンルームマンション

　最初のワンルームマンションといわれる「メゾン・ド・早稲田」ができたのが1975年．16〜18 m^2 のミニマムな空間にユニットバスとキッチンがついて住戸が片廊下に面して並んだ形式のものである．極小の空間ながら，水回りをすべて備えているので，銭湯に行く必要もないし，当然ほかの居住者とトイレなどを共有するわずらわしさもない．さらにたいていの場合，こうしたワンルームマンションは住戸ごとに販売され一括で管理会社が家賃の徴収などを行っていたので，居住者は大家が誰かも知らない．賃貸住宅のかたちの中でも，近隣やマンションの居住者同士など他者との関係がまったく整理された住戸の形式で，その気軽さが若い居住者に受け入れられ，以降，都市部の利便性の高い立地に次々とワンルームマンションは建設されたが，決して住居のあるべき姿として認知されることはなかった．理由の1つはあまりに狭小な住戸面積による居住性の低さにある．そしてもう1つは単身という暮らし方が一時的なものだと思われていたからである．ワンルームマンションの居住者はそこに長く暮らすつもりがなかったし，つくり手のほうも居住者の入れ替えを前提としていた．結婚して家族をもつまでの住まいか，単身赴任の一時的な住居として利用され，皆帰るべき住まいがあり，家族がいたのである．したがって，あえてそこに「部屋」以上の性能をもとめることもなかったし，関係の希薄さは気軽さと受け止められたのである．

b. 変容する個の住まい

　ところが，近年単身居住者を見込んだ賃貸住宅に異変がおきている．住戸の面積が広くなる傾向もその1つであるが，中庭型のような共用空間の豊かなものが居住者に好まれる傾向が出てきた．これは単身者居住のあり方の変化ととらえることもできる．東京都中野区にある「スクエア」という集合住宅は単身者用の30 m^2 の住戸が27戸とファミリー用の住戸が2戸，中庭を囲むように配されている（図15.1）．常に空きを待っている人があるという人気のある集合住宅である．30 m^2 という面積は現在でも賃貸の単身者用住戸としては大きいといえるが，居住者はその内部空間と同じように中庭という構成を評価している．中庭から屋

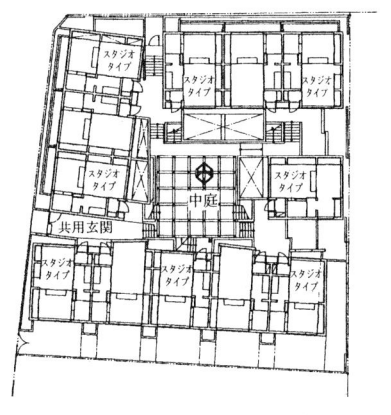

図 15.1 スクエアの 1 階平面図

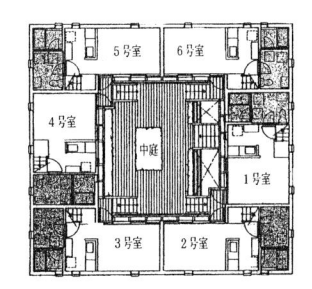

図 15.2 屯の 1 階平面図

図 15.3 屯の中庭

上庭園にも出られるようになっており，ここでは毎年春，夏，秋に屋外パーティーが開かれる．各住戸は中庭に面して比較的大きな開口部をとっているが，プライバシーが損なわれるというネガティブな意見よりは，自分の生活空間の延長として認識され，中庭という外部空間を介して見る見られるという行為がこの集合住宅への帰属感を高めている．この中庭の存在は「スクエア」を自分の住まいとして選択した理由にもなっている．そしてその中庭に「つき合い」を期待して居住者は集まってくるのである．

東京都板橋区にある集合住宅「屯(たむろ)」も同じように中庭を囲むようにできている（図 15.2，図 15.3）．$50 m^2$ の住戸が 6 戸という小規模のものである．この中庭は「スクエア」のそれよりさらに親密な空間となっており，住戸の主な開口部は基本的にすべてこの中庭に面している．6 戸という規模も関係して住人同士の関係もより密接である．居住者のほとんどはその土地に地縁はない．職場に近いか，通いやすいという理由でその場所に居を定めたのである．そのような中で中庭は住集体としてのまとまりをつくる機能を果たし，ある距離を保ちながらも，その住居に対する帰属感を醸成する装置となっている．

賃貸の集合住宅は，時代の要求をいち早く映しだす．分譲の住宅は，途中で居住者の嗜好が変化したとしても，30年のローンを抱えていては身動きがとれない．それに引き換え，賃貸の場合はそうした拘束がないので，今，自分の必要な住まいを探すことになる．ここにあげた事例は2つとも中庭型のものであるが，先にあげたワンルームマンションのような片廊下から中庭型への居住者の嗜好の変化は集合住宅に期待される機能の変化を示している．ただし，ここに取り上げたような民間の中・小規模の都市型の賃貸住宅において，中庭型という形式そのものが日本におけるプロトタイプになってきているとはいえない．都心のわりに容積率の低い場所で例外的に成立しているといっても良い．したがって数の上ではまだまだ例外的な存在ではあるが，中庭型の集合住宅が居住者から支持を得ている意味は大きい．

c. ともに暮らす場所としての住まい

この背景には，単身居住の契機の多様化があげられる．夫婦に子供2人の核家族を標準的な家族といえた時代はすでに過去となり，都市部では単身者世帯が半数を占めようとしている．女性が仕事をもち，経済力がつけば，結婚は選択肢の1つになる．少子化と高齢化は，結婚をし子供をもって核家族という居住形態を選択した人々にとっても，子供が独立してからの時間，配偶者と死別してからの時間など，夫婦だけか，あるいは単身で生活する時間を増やすことになる．単身居住は人生の時間においてもはや過渡的な暮らし方とはいえなくなったのである．住居にプライバシーが何よりも優先で気軽，希薄な関係以外のものが求められる傾向がでてきたことは，居住単位としての家族が，絶対的なものではなくなったことと無縁ではない．

集合住宅はひとつ屋根の下にともに暮らすという行為を通して，ある関係をつくれる可能性を秘めている．その立地や全体の規模によってもそれは種類の異なる関係になるであろうが，「家族」という血縁が生活のネットワークとして網羅的に機能しなくなった時代にともに暮らす関係に期待される部分は少なくないはずである．コーポラティブハウジングのように，建設時から居住者が設計にかかわり，集合住宅をつくるプロセスを通してコミュニティがつくられるという方向もある．また，コレクティブハウジングのように共食の空間をもち，それを協同で運営するという生活の行為をともにすることを通して，関係をつくっていこうというものもある．しかし，住まいが常に「家族」のものであった時代から，多

15.1 個をつなぐ住まい

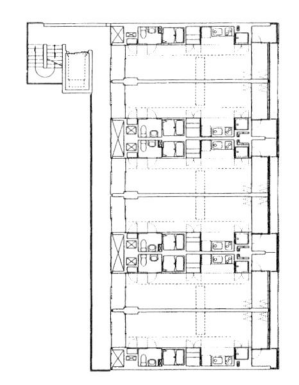

図 15.4 APERTO の平面図　　**図 15.5** APERTO の内部

くの人が1人で暮らすことを選択するか，もしくは選択さぜるえなくなる状況の中で「ひとり」のための住まいを想定し，「個」と「個」をつなぎともに暮らす関係をつくることに建築そのものがどうかかわれるのかを考えるとき，これまであまり省みられることのなかった小規模な賃貸住宅の中に，これからの集合住宅の先行事例がひそんでいる可能性についても注視していかなくてはならない．もちろん，先にあげた中庭型だけが答えというわけではない．「APERTO」は片廊下と住戸の間にパンチングメタルで仕切られた空間がある（図15.4，図15.5）．この空間は片廊下に面して開放的につくられた住戸と廊下の緩衝帯になっているだけでなく，植木やサーフボードが置かれるというように私生活の表出があり，それは緩やかに居住者同士をつなぐ契機になっている．中庭型とはまったく異なる形式であるが，共通点を見いだすことができる．「APERTO」の住戸と片廊下の間の設けられた空間も「スクエア」や「屯」の中庭も，プライベートな空間ともパブリックな空間ともいえない．居住者同士の生活を距離をとりながら，つなぐという両義的な空間と位置づけられる．「個」と「個」をつなぐ空間は同時に「個」と「個」の距離をとる空間でなくてはならない．これからの集住体はそのつながりが選択的であるという点で，もちろん過去の大家族のような暮らし方とはまったく異なるものでなくてはならない．「個」の時代の住まいはそれぞれの自立した生活の器となり，なおかつ緩やかに「個」がつながることができる性能が求められる．

15.2 機能性とファッション

今日の衣生活は，ほとんどが購入，管理，廃棄というサイクルによって営まれており，私たちはさまざまなファッション情報に大きく影響されている．その中でも，衣服の新しい素材や機能性などの付加価値についての情報は，マスメディアを通して広くいきわたっている．ここでは，それらの内容をいくつか取り上げ，さらにファッションについて考えてみよう．

a. 高感性素材

第二次世界大戦後のめざましい合成繊維の発展は，衣生活に大きな変化をもたらした．とりわけ合成繊維は，その取り扱いのしやすさでまたたくまに浸透していった．さらに，よりよい性能を目指してさまざまに工夫がなされるようになったのである．1970年代には極細繊維の技術が開発され，スエード調の人工皮革がブームとなり，その後，絹の風合いをもつシルクライクや，綿，羊毛に似た素材が開発された．やがて1980年代後半には，もはや天然繊維の模倣ではなく，新しい感性を備えた合成繊維が登場するようになり，新合繊とよばれている．

新合繊の開発のコンセプトは，ニューシルキー，ドライ，薄起毛，ニュー梳毛の4種に分類される．それぞれ図15.6のような内容を表しているが，これらは，技術開発の結果によるものである．

b. 素材の新しい機能

繊維の性質を改良する加工はこれまでなされてきたが，さらに新しい機能をもつ素材が開発されてきた．それらの代表的なものを取り上げてみよう．

保温効果を高めるためには，中わたに化繊わたや羽毛を用いたり，フォームラミネート製品を使用したりするが，そのほかにアルミニウムの粉を裏面に塗り，人体から出る輻射熱を利用する素材が開発されている．

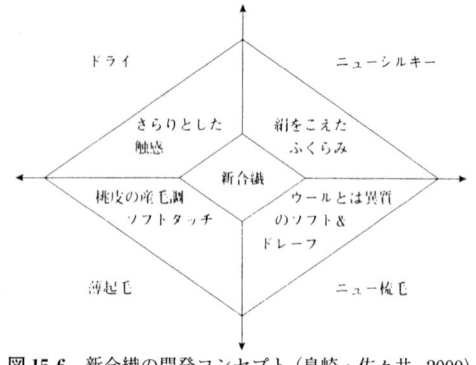

図15.6 新合繊の開発コンセプト（島崎・佐々井, 2000）

人体から出る汗などの水分を吸収することは，衣服の重要な役割の1つである．綿，羊毛などの天然繊維は吸水性が大きいが，合成繊維は小さい．しかし，衣服は湿った状態では着心地が悪いため，水分をすばやく放散する性質が求められる．合成繊維では構造上吸水性をよくしたり，また，人体に近い内側に吸水性のある天然繊維を用い，外側に水分の発散を促進する合成繊維を重ねた素材などがすでに実用化されている．また，綿や，綿・ポリエステル混紡の「吸汗速乾」を目指した「ドライ」素材や，ひんやりとした「クール」な感触をもつ素材の開発もなされ，その性能が注目されている．

　さらに，スポーツウエアに用いられる透湿防水布は，内側の水蒸気は外側に通すが，外側の雨は通さない構造をもつ．従来の防水加工では蒸れによる不快感があったが，それが改善されるようになったのである．

　アイロンかけが不可欠であった綿のワイシャツは，ポリエステルとの混紡によってウォシュアンドウェア性をもち，衣生活に大きな変化をもたらしたが，1993年に，綿およびポリエステルとの混紡製品に，さらに形態安定性のある加工がなされるようになった．また，羊毛製品の水洗いを可能にした防縮加工や，繊維製品を燃えにくくする難燃加工など，衣生活における便利さや安全性がよりいっそう目指されている．

　また，細菌による悪臭を防ぐ抗菌防臭加工や衛生加工は，肌着，靴下，おむつカバーなどになされ，さらに，紫外線をカットする加工が開発されている．

　このような実用性の追求ばかりでなく，温度によって変色する素材や香りのある素材，絹鳴りのような音の出る素材などが次々と生み出されるようになった．これは，生活にゆとりや安らぎを求める傾向が強くなってきた結果であるといえよう．私たちは衣服に暑さや寒さから身体を守る役割だけではなく，精神的な安らかさを求めようとしているのではないだろうか．

c. 個性とファッション

　衣生活がますます豊かになってきている現在，私たちは多くの情報に取り巻かれている．これまでと異なる新しい傾向としては，カタログやインターネットによる通信販売が主婦や若者，また高齢者に浸透しつつあることではないだろうか．これは，衣服の購入において，新しい方向性を示すものである．

　このような情報によって提供されている衣服は，ある程度の品質をもってはいるが，形やサイズについては，あまり選択肢が多いとはいえない．しかし，便利

さや着やすさ，価格の点での購入のしやすさなどで，これからも増えていくことが考えられる．これは，私たちが衣生活に求めるものがしだいに変わってきていることを意味しているのではないだろうか．すなわち，実際に販売店に足を運ぶことに困難がある人々にとっては，時間を費やさないですますことができるという利点がある．一方で，似たようなデザインの衣服が提供され，同じようなスタイルの人々が多くなってくることは事実であろう．

また，価格破壊を生み出したという日常着のメーカーは，その販売戦略において，一定の品質の製品を安い価格で提供することで革命をおこしたといわれている．すなわち，かつてのジーンズやミニスカートの流行のように，今やカジュアルなファッションが適した価格でさまざまな年代の人々に認められ，取り入れられているのである．

この流れのひとつにユニバーサルファッションの動きがある．ユニバーサルファッションは，高齢者や障害者が健常者とともに，わけへだてなく生活するためのユニバーサルデザインの思想から始まっている．これは，1970年代にアメリカから始まった取り組みであり，バリアフリーが「障害を取り除く」という発想であるのに対して，誰もが使いやすいデザインのさまざまな器具や道具，住まいやサービス，社会を目指そうとするもので，生活全般にわたるものである．衣服においては，年齢や体型，障害などを越えて安全で快適なウエアを提供しようとするもので，良い製品にはマークを与えることになっている．誰でも着やすくおしゃれな衣服，機能性や着心地，環境に対する配慮も考えたファッションは，これからの時代を象徴するようなものであるといえるだろう．

しかし，このようなファッションに対する考えは，ある意味で個性を無視したものになってしまう可能性がある．誰もが着ているから安心，というだけではなく，多くの製品の中で，自分が何を選び，どのように着るのか，という意識が育っていかなければ，どんなに便利であっても「個」の尊重につながらなのではないだろうか．ファッションは常に，グループや社会の意識や連帯と，個人の表現や意志の尊重との葛藤である．しかし，いずれにせよ，ユニバーサルファッションの思想から，1人1人が自分の意志を表せるようなスタイルをさまざまな分野から選んでいくことは大切であり，その点で個性を表すことも可能である．年齢や性別，障害のあるなしにかかわりなく自分を表現することによって他人の個性を認め，理解し，協調するという心が生まれてくるのではないだろうか．

15.2 機能性とファッション

最後に，ファッションの混迷の時代にあって，図 15.7 にこれからの将来を担う若者の考えた「未来に着たい服」の写真を紹介する．さまざまな角度からファッションについて考える手掛かりとなってほしいと思う．

（a） ニットのキャミソール（後ろは編み上げ式）とチェックのフリルスカート

（b） 水玉ワンピ
茶色のワンピースを脱ぐと2種類のワンピースが現れる．

（c） サチヨ・スーツ
5色のオーガンジーを重ねたスーツ．

（d） 創立百年を記念して
ひきずりドレス（左）：ピンクのオーガンジーに金糸で校章を刺繍（約80個）．
つなぎ（右）：茶色の生地に校章をプリント．

図 15.7 未来に着たい服
(2000年10月，日本女子大学学園祭ファッションショーより．製作・写真：日本女子大学被服学科3年有志)

15.3　食品機能の追究と食環境の充実を目指して

a. 食品の3つの機能

食品の機能とは，食品自体のもっているさまざまな性質の中で私たち人間に対して果たす役割のことである．たとえば，栄養機能といえば，食品のもっている栄養素に焦点をあてる場合に用い，最も重要な機能（1次機能）である．また，おいしさという点で，精神的充足を与える感覚機能（2次機能）もある．そして，新たに生体調節機能を3次機能と定義し，食品のもつ健康への働きに関する研究も進んでいる．

1) 1次機能　1次機能は栄養機能である．食品は，炭水化物，脂質，タンパク質，ビタミン，無機質の5大栄養素のほか，繊維質や水など，私たちの体に必要な栄養素を含む．そして，人間がそれを食べることにより生命を維持する最も基本的な機能である．栄養素はバランスよく，さまざまな食品から摂取するよう心がけることが必要である．

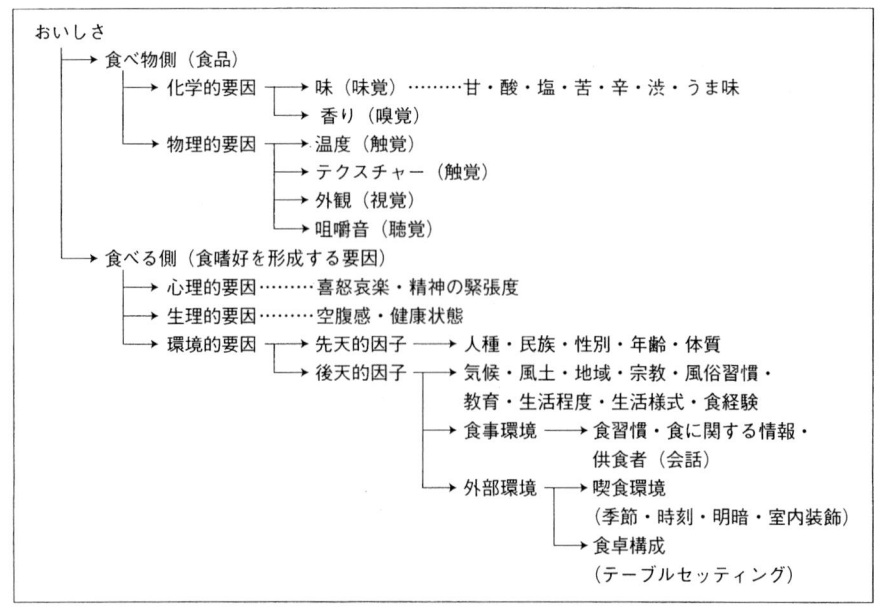

```
おいしさ
├→ 食べ物側（食品）
│   ├→ 化学的要因 ─┬→ 味（味覚）………甘・酸・塩・苦・辛・渋・うま味
│   │              └→ 香り（嗅覚）
│   └→ 物理的要因 ─┬→ 温度（触覚）
│                  ├→ テクスチャー（触覚）
│                  ├→ 外観（視覚）
│                  └→ 咀嚼音（聴覚）
└→ 食べる側（食嗜好を形成する要因）
    ├→ 心理的要因………喜怒哀楽・精神の緊張度
    ├→ 生理的要因………空腹感・健康状態
    └→ 環境的要因 ─┬→ 先天的因子 →人種・民族・性別・年齢・体質
                   ├→ 後天的因子 →気候・風土・地域・宗教・風俗習慣・
                   │              教育・生活程度・生活様式・食経験
                   ├→ 食事環境 →食習慣・食に関する情報・
                   │            供食者（会話）
                   └→ 外部環境 ─┬→ 喫食環境
                                │  （季節・時刻・明暗・室内装飾）
                                └→ 食卓構成
                                   （テーブルセッティング）
```

図 15.8　おいしさの構造

2) 2次機能　　2次機能は，おいしく，安全で，消化吸収しやすくする調理性に関する機能である．「おいしさ」を図に示すと図15.8のようになる．

おいしいと感じる要因は，食品側の物理的（温度，テクスチャーなど），化学的（味覚刺激による）要因のほかに，食べる側の心理的・生理的・環境的要因（食環境や食習慣など）が関係し，大変複雑である．また，同じ人でもその日，その時間により感じ方は異なるものである．一口に「おいしいもの」といっても，その人個人にとってなのか，食通の人たちにとってなのか，一般大衆に受けるものなのか，目的に応じて考慮する必要がある．

3) 3次機能　　最近アメリカでよくいわれている，wellness cooking は，より健康な生活をおくるための食事を意味し，日本では，ヘルシーという言葉が使われることが多い．アメリカでは，油脂の摂りすぎや食べすぎから，高脂血症になり，動脈硬化症，ひいては心臓病，脳卒中に至ることが大きな問題となってお

図15.9　3次機能として注目されているタイのハーブ

り，低カロリー，低脂肪食品の開発に余念がない．日本人はアメリカ人ほど油脂の摂取は多くないが，老化防止やがんの予防などに効果があるといわれる抗酸化性食品には，関心が高い．例として，現在いわれている悪玉活性酸素について取り上げる．

- ・悪玉活性酸素が引き起こす病気： 老化—痴呆，動脈硬化—血栓，遺伝子異常—がん化，代謝異常—ホルモン異常・糖尿病・白内障・肥満．
- ・悪玉活性酸素の発生： 強い日差し，体内の栄養代謝，体内に有害物混入，細菌・ウイルスの侵入，激しい運動，悩む・ストレス．

それに対する食品の例をあげる．

- ・カフェイン（紅茶，コーヒー，緑茶）： 脳の活性化，記憶の改善，精神の安定作用，痴呆防止，自殺防止．
- ・カテキン（紅茶，緑茶）： 血管を強め，血栓を予防する．緑茶はビタミンCがこの効果を増強する．心筋梗塞・脳梗塞の予防．抗がん効果．
- ・トリプトファン（肉類，大豆，牛乳）： 脳内物質セロトニンをつくる．セロトニンが減少するとうつ状態になり，凶暴性・不眠・過食を引き起こすといわれている．

以上は，3次機能のほんの一例にすぎないが，食品中にはさまざまな働きをもつものが含まれているので，極端に薬のような気分でむやみやたらにそればかり食するようなことは避けたい．また近年，栄養補助食品や錠剤などで特定の栄養素を過剰に摂取しすぎることで，今までにはなかった過剰症を心配しなくてはならなくなりつつある．

b. 食環境の充実

食環境という言葉の意味は広いが，私たちの生活を中心に考えると，栄養バランスのとれた食事とそれを盛りつける盛り皿を含めた食卓（テーブルセッティング），食事をする相手と会話，またその部屋の雰囲気など私たちが食べ物をおいしいと感じるためのすべての要素を含んだ空間のことである．食環境を快適な状態に整えることは，摂取した食物が十分に消化吸収される上で大切なことであり，同時に精神的満足にも大きく影響する．

1）食 事 女性の社会進出に伴い，家族が家庭で過ごす時間は少なくなっている．家事の中で，最も時間を要しかつ生きるために省略することができないのは，食事である．最小限の時間で用意することだけを目的とすると，できあい

のものを買ってきて，または宅配サービスなどを利用し，食卓に並べるだけの中食ということになるが，栄養バランス面にも，嗜好面にも，また添加物などの健康面にも問題は残る．そこで現代では，短時間で簡単につくれてヘルシーな料理が要求されている．

2) テーブルセッティング　本来は，清潔に，また食事をよりおいしく食べるために，視覚的に美しくして食欲を増すために，ランチョンマットやテーブルクロスを敷き，花を飾るなどを行うものである．しかし，さびしい食卓を少しでも補うために用いるのは本末転倒であろう．

3) 食事をする相手と会話　最近行った調査によると，大学生はとくに孤食が多い（14.3 節参照）．しかし，どんなにおいしいものでも 1 人で食べて心から満足するであろうか．以前『バベットの晩餐会』という映画があったが，これはおいしいものを食べることによりそれまでいがみ合っていた人たちが仲良くなるという，食のもつ精神的な意義をよく表している．

日本古来は黙って食事をするのがマナーであったが，現代の家族にはとくに楽しい会話のはずむ食卓が必要と考えられる．

4) 今後の展望　地球全体でみれば，食べ物の足りない国も数多くあり，限られた資源を無駄なく利用し，料理の仕方を工夫し，できる限りごみの少量化に努めなければならない（エコクッキング）．それと同時に，栄養バランスのとれた食事を，人間同士の心のケアも含めて楽しく食事をとれるように考えていかなくてはならない．

人生 80 年と寿命がのび，高齢化社会を迎えたため，日常から健康に気をつけた食生活をして，生活の質（quality of life）を高めることが求められている．あわせて文化としての食の意義を見直し，家族の結びつきを深める上での食卓のあり方（食環境の充実）を目指していくことが求められる．

参考図書

■第1章
板倉壽郎編：講座人間生活学4 生活と文化，垣内出版，1989．
日本家政学会編：家政学シリーズ21 生活文化論，朝倉書店，1992．

■第2章
京都造形芸術大学編：住まいの解剖学，角川書店，1998．
茶谷正洋編著：世界の建築まるごと事典，日本実業出版社，2000．
稲村哲也：メキシコの民族と衣装，紫紅社，1983．
小川安朗：世界民族服飾集成，文化出版局，1991．
佐々井 啓編著：衣生活学，朝倉書店，2000．
田中千代：世界の民族衣装 装い方の智恵をさぐる，平凡社，1985．
石毛直道・鄭 大聲：食文化入門，講談社，1995．
石毛直道編：世界の食事文化，ドメス出版，1973．

■第3章
太田博太郎監修：日本建築様式史，美術出版社，1999．
日本建築学会編：日本建築史図集，彰国社，1949．
横山 正：数寄屋逍遙，彰国社，1996．
小松茂美編：日本絵巻集成1―源氏物語絵巻 寝覚物語絵巻―，中央公論社，1977．
小松茂美編：日本絵巻集成9―紫式部日記絵詞―，中央公論社，1978．
川本重雄・小泉和子編：類聚雑要抄指図巻，中央公論美術出版，1998．
角川書店編集部：日本絵巻物全集 年中行事，角川書店，1968．
宮内庁三の丸尚蔵館編：御即位十年記念特別展第四回展 饗宴―伝統の美―，三の丸尚蔵館特別展図録，No.4，菊葉文化協会，1999．

■第4章
太田博太郎監修：日本建築様式史，美術出版社，1999．
日本建築学会編：日本建築史図集，彰国社，1949．
横山 正：数寄屋逍遙，彰国社，1996．
西野春雄・羽田 昶：新訂増補 能・狂言事典，平凡社，1999．
飯田喜代子編：日本料理秘伝集成5，同朋舎出版，1985．

■第5章
飯塚信雄：ロココへの道―西洋生活文化史点描―，文化出版局，1984．
建築学体系編集委員会編：建築学体系5 西洋建築史，彰国社，1968．
日本建築学会編：西洋建築史図集，彰国社，1983．
マックス・フォン・ベーン（飯塚信雄訳）：ロココの世界―十八世紀のフランス―，三修社，2000．
森田慶一：西洋建築入門，東海大学出版会，1971．
Nikolaus Pevsner : An Outline of European Architecture, 7 th ed., Penguin Books, 1963.

菅原珠子・佐々井啓：西洋服飾史，朝倉書店，1985.
菅原珠子：絵画・文芸にみるヨーロッパ服飾史，朝倉書店，1991.
丹野　郁：服飾の世界史，白水社，1985.
深井晃子監修：世界服飾史，美術出版社，1998.
フランソワ・ブーシェ，石山　彰監修：西洋服飾史，文化出版局，1973.
Gaston Schefer : Docments Pour L'histoire Du Costume, vol.II, vol.III, Coupil & Cie, Editeurs-Imprimeurs, 1991.
M・モンタナーリ（山辺規子・城戸照子訳）：ヨーロッパの食文化，平凡社，1999.
メルシェ（原　宏訳）：十八世紀パリ生活誌，岩波書店，1986.
山内　昶：「食」の歴史人類学，人文書院，1994.
レイモン・オリヴェ（角田　鞠訳）：フランス食卓史，人文書院，1980.

■第6章
上田　篤：町家・共同研究，鹿島出版会，1975.
上田　篤・野口美智子：数寄町家・文化研究，鹿島出版会，1978.
蔵田敏明・柴田佳彦：新撰 京の魅力 京の町家めぐり，淡交社，2001.
島村　昇・鈴鹿幸雄ほか：京の町家，SD選書，鹿島出版会，1971.
高橋康夫：京町家・千年のあゆみ 都にいきづくすまいの原形，学芸出版社，2001.
西山夘三：日本のすまい（壱），勁草書房，1975.
土井忠生ほか編訳：邦訳日葡辞書，岩波書店，1980.
井原西鶴：西鶴集上 日本古典文学大系47 好色一代女，岩波書店，1977.
洒落本大成編集委員会編：洒落本大成第1～29・補巻，中央公論社，1978～1988.
郡司正勝校注：日本古典文学大系98 歌舞伎十八番集，岩波書店，1978.
日本随筆大成編輯部編：日本随筆大成別巻7～10 嬉遊笑覧，吉川弘文館，1979.
貝原益軒（伊藤友信訳）：養生訓，講談社学術文庫，1991.
九鬼周造：「いき」の構造，岩波文庫，1997.
朝倉治彦・柏川修一編：守貞謾稿，東京堂出版，1988.
秋里籬島編：日本図会全集，日本随筆大成刊行会，1928.
奥村彪生編：日本料理秘伝集成 13，同朋舎出版，1985.
鈴木棠三・朝倉治彦校注：江戸名所図会，角川文庫，1989.

■第7章
E・ハワード（長素　連訳）：明日の田園都市，SD選書，鹿島出版会，1968，1992.
鈴木博之・山口　廣：新建築学大系5 近代・現代建築史，新建築学大系編集委員会，彰国社，1993.
ニコラウス・ペヴスナー（小野次郎訳）：モダン・デザインの源泉，美術出版社，1976，1989.
藤田治彦：ウィリアム・モリス─近代デザインの原点─，SD選書，鹿島出版会，1996.
ロビン・ミドルトン，デイヴィット・ワトキン（土居義岳訳）：図説世界建築史 新古典主義・19世紀建築 [1]，本の友社，1998.
京都国立近代美術館・京都服飾文化研究財団編：身体の夢 ファッションor見えないコルセット展，京都服飾文化研究財団，1999.
ハーディ・エイミス（森　秀樹訳）：ハーディ・エイミスのイギリス紳士服，大修館書店，1997.
山田　勝：ブランメル閣下のダンディ術─英国流ダンディズムの美学─，展望社，2001.

アルフレッド・フィエロ（鹿島　茂監訳）：パリ歴史事典，白水社，2000．
K・ヒューズ（植松靖夫訳）：十九世紀イギリスの日常生活，松柏社，1999．
宝木範義：パリ物語，新潮選書，1984．
リチャード・B・シュウォーツ（玉井東助・江藤秀一訳）：十八世紀ロンドンの日常生活，研究社出版，1990．

■第8章
ウィリアム・T・アンダーソン（谷口由美子訳）：大草原の小さな家―ローラのふるさとを訪ねて―，求龍堂，1988．
奥出直人：アメリカンホームの文化史，住まい学体系018，住まいの図書出版局，1988．
八木幸二：アメリカの住宅建築Ⅱ，講談社，1994．
鍛島康子：既製服の時代―アメリカ衣服産業の発展―，家政教育社，1988．
小町谷寿子：19世紀後半アメリカにおける男性用既製服認識の変化について―新聞広告に基づく分析調査の提案，名古屋女子大学紀要　家政・自然編，**48**，1-7，2002．
横山寿子・酒井清子：19世紀後半のアメリカにおける衣生活―ミシンの導入をめぐって―，日本服飾学会誌，**15**，116-123，1996．
横山寿子：19世紀後半アメリカにおける紳士服産業，名古屋女子大学紀要　家政・自然編，**44**，65-77，1998．
ダイヤモンド社編：世界の企業物語　シンガー・ミシン，ダイヤモンド社，1969．
紀平英作編：アメリカ史，山川出版社，1999．
K・スチュワート（木村尚三郎監訳）：料理の文化史，学生社，1990．
鶴谷　壽：アメリカ西部開拓博物誌，PMC出版，1987．
長田真澄：西洋料理，新評論，1992．
野村達朗：フロンティアと摩天楼，講談社，1989．

■第9章
内田青蔵・大川三雄・藤谷陽悦編著：図説・近代日本住宅史，鹿島出版会，2001．
西山夘三：すまい考今学―現代日本住宅史―，彰国社，1989．
平井　聖：図説日本住宅の歴史，学芸出版社，1980．
本間博文：住まい学入門，放送大学教育振興会，1998．
山下和正監修：近代日本の都市型住宅の変遷，都市住宅研究所，1984．
リビングデザインセンターOZONE：MADORI　日本人とすまい6「間取り」，リビングデザインセンター，2001．
山川菊枝：女二代の記，平凡社，1972．
石川寛子・江原絢子編著：近現代の食文化，アイ・ケイコーポレーション，2002．
井筒雅風ほか編：四季の行事（江馬務著作集　第8巻），中央公論社，1988．
笹川臨風・足立　勇著：日本食物史〈下〉近世から近代，雄山閣，1999．
笹木　幸著：年中行事　家庭儀式料理，桜楓出版部，1911．
本間　健ほか：本学における食教育を通してみた成瀬仁蔵の教育理念とその継承，日本女子大学総合研究所，紀要第7号，2004．
渡部忠世・深澤小百合：もち（糯・餅），法政大学出版局，1998．

■第10章
内田青蔵：日本の近代住宅，鹿島出版会，1992．
E・S・モース（上田　篤ほか訳）：日本のすまい・内と外，鹿島出版会，1981．

参 考 図 書

太田博太郎：日本住宅史の研究，日本建築史論Ⅱ，岩波書店，1984．
住宅史研究会編：日本住宅史図集，理工図書，1986．
日本建築学会編：コンパクト建築設計資料集成＜住居＞，丸善，1991．
本間博文・内田青蔵，長橋純男編著：放送大学教材 住まい学入門，放送大学教育振興会，
　　1998．
谷田閲次・小池三枝：日本服飾史，光生館，1988．
毎日新聞：日本の百年，毎日新聞社，1959．
風俗画報（復刻版），明治文献，1973〜1976．
前坊　洋：明治西洋料理起源，岩波書店，2000．
熊倉功夫・石毛直道編：外来の食文化，ドメス出版，1988．
小菅桂子：にっぽん台所文化史，雄山閣，1991．
樋口清之：日本食物史，柴田書店，1991．
渡辺　実：日本食物史，吉川弘文館，1964．
明治・大正くらしの物語（上巻），KKベストセラーズ，1978．

■第11章
ケン・タダシ・オオシマ，木下壽子：20世紀のモダン・ハウス―理想の実現，A＋U臨時増
　　刊号，2000年3月，10月．
松村秀一：「住宅」という考え方―20世紀的住宅の系譜―，東京大学出版会，1999．
ル・コルビュジエ（吉阪隆正訳）：建築をめざして，SD選書，鹿島出版会，1967．
Walter Gropius ： Programme for the Establishment of a Company for the Provision of Housing on
　　Aesthetically Consistent Principles, *Architectural Review*, 1961.
アン・ホランダー（中野香織訳）：性とスーツ―現代衣服が形づくられるまで―，白水社，1977．
ジョン・ハーヴェイ（太田良子訳）：黒服，研究社出版，1997．
東京都庭園美術館編：パリ・モード1870〜1960―華麗なる夜会の時代―展，テレビ朝日，
　　1999．
大竹伸朗：フランス料理のメニュープランニング(1)調理科学，**26**(1)，63-67，日本調理科学
　　会，1993．
平　春枝：食品加工及び貯蔵学，日本女子大学通信教育，1998．
谷　孝之：真空調理の全技法，柴田書店，1989．
三輪里子・吉中哲子編著：あすへの調理，弘学出版，1998．

■第12章
内田青蔵・大川三雄・藤谷陽悦編著：図説・近代日本住宅史，鹿島出版会，2001．
日本家政学会編：家政学事典，朝倉書店，1990．
先川直子：和装素材としての毛織物，服飾美学，**22**，1993．
先川直子：和装用インバネスの普及をめぐって，国際服飾学会誌，No.18，2000．
毎日新聞：日本の百年，毎日新聞社，1959．
風俗画報（復刻版），明治文献，1973〜1976．
小菅桂子：にっぽん台所文化史，雄山閣，1991．
樋口清之：日本食物史，柴田書店，1991．
明治・大正くらしの物語（上巻），KKベストセラーズ，1978．

■第13章
志賀　英ほか：住居学，朝倉書店，1988．

日本建築学会編：コンパクト建築設計資料集成＜住居＞, 丸善, 1991.
日本建築学会編：近代建築史図集（新訂版）, 彰国社, 1998.
初田　亨・大川三雄：都市建築博覧・昭和篇, 住まい学体系043, 住まいの図書館出版局, 1991.
昭和住宅史, 新建築1976年11月臨時増刊号.
今　和次郎・吉田兼吉：モデルノロジオ（考現学）, 春陽堂, 1930.
中山千代：日本婦人洋装史, 吉川弘文館, 1987.
南　博・社会心理研究所：昭和文化1925～1945, 勁草書房, 1987.
今　和次郎：今　和次郎集8 服飾研究, ドメス出版, 1972.
婦人画報, 1930（昭和5）年4月号.
主婦の友, 1932（昭和7）年7月号付録, 1935（昭和10）年3月号.
田中宣一・松崎憲三編：食の昭和文化史, おうふう, 1995.
農山漁村文化協会編：講座食の文化二 日本の食事文化, 農山漁村文化協会, 1999.
婦人画報, 1925（大正14）年11月号.

■第14章
池辺　陽：すまい, 岩波婦人叢書, 岩波書店, 1955.
鈴木成文・小柳津醇一・初見　学：「いえ」と「まち」, SD選書, 鹿島出版会, 1984.
鈴木成文：現代日本住居論, 放送大学教育振興会, 1994.
朝日新聞社：週間20世紀 1967年, **25**, 1999.
遠藤　武・石山　彰：写真に見る日本洋装史, 文化出版局, 1980.
能澤慧子：20世紀モード, 講談社選書メチエ, 1994.
三井　徹：ジーンズ物語, 講談社現代選書, 1990.
深井晃子：パリ・コレクション, 講談社現代新書, 1993.
飯田文子・川野亜紀・三輪里子：女子大生を中心にした若い女性のパスタに対する嗜好, 日本女子大学紀要 家政学部, **46**, 57-62, 1999.
飯田文子・高橋智子・川野亜紀・渡辺敦子・大越ひろ・三輪里子：大学生の食生活の意識について, 日本食生活学会誌, **12**(2), 167-175, 2001.
神田文人編：昭和・平成現代史年表, 小学館, 1997.
三輪里子・吉中哲子編著：あすへの調理, 弘学出版, 1998.
渡辺敦子・飯田文子・川野亜紀・大越ひろ・三輪里子：大学生の食事時間と食生活の実態, 日本食生活学会誌, **10**(4), 45-52, 2000.

■第15章
京都造形芸術大学編：建築デザインVol.1 住まいの解剖学, 角川書店, 1998.
佐藤浩司編：シリーズ建築人類学 世界の住まいを読む4 住まいに生きる, 学芸出版社, 1998.
茶谷正洋編著：世界の建築まるごと事典, 日本実業出版社, 2000.
布野修司：住まいの夢と夢の住まい アジア住居論, 朝日選書, 1997.
島崎恒蔵・佐々井啓編：衣服学, 朝倉書店, 2000.
佐藤秀樹・金田　誠：脳の栄養と心の栄養, 弘学出版, 2000.
田村真八朗・川端晶子編著：食品調理機能学, 建帛社, 1997.
仲川清隆・宮沢陽夫：カテキンの抗酸化作用, 食の科学, 光琳, **272**(10), 44-51, 2000.
都甲　潔編：食と感性, 光琳, 1999.
山崎正利：植物性食品とアレルギー予防, 食の科学, 光琳, **283**, 10-16, 2001.

索　　引

ア 行

合着　92
アイスボックス　74
赤い家　65
明障子　28,90
アクセサリー　106
揚げ見世　53
足踏み式ミシン　83
アーツ・アンド・クラフツ運動　65,112,136
吾妻コート　93
アマリーエンブルク　43
編み上げ靴　95
アメリカ料理　87
アメリカンケーキ　84
アメリカンスタイル　85
アメリカンドリーム　77
アメリカンホーム　76
アール・デコ　116,130
アール・ヌーヴォー　65,116,130
アルパカ　9
アンクロワヤブル　47
アンチモード　152
行灯袴　94,106

イブニングドレス　117
衣冠　21
いき　57
異人館　100
椅子座　125
一汁三菜　36
五つ紋付羽織　92
一品洋食屋　111
衣服改良　105
衣服製造業　81
イブニングコート　116
居間　149
飲食店　60
インスタントコーヒー　156
インスタントラーメン　156
インターナショナルスタイル　136
インディオ　9
インド料理圏　15
インバネス　92,129

ヴィオネ，マドレーヌ　119
ウィーピル　9
ヴィラ　77
wellness cooking　169
ウォシュアンドウェア　165
うだつ　54
桂　21
裏長屋　55
裏店　55
ウール　69

衛生加工　165
栄養機能　168
Sカーブラインのドレス　117
エスコフィエ，オーギュスト　73
エスニック　158
nLDK　149
海老茶袴　94

オイエ　52
お高祖頭巾　93
押板　28
折敷　39
おしきせ　94
オテル・ダムロ　42
オテル・ド・スービーズ　41
オテル・ド・マティニョン　42
男だて　57
帯留　106
オーブン・レンジ　73
表造り　53
表店　55
表屋造り　53
女袴　94

カ 行

会所　28
外食産業　157
懐石料理　38
会席料理　39
階層　79
改良服　105
化学染料　128
学生運動　153
角袖　92
襲色目　22
カシミヤ　93
肩衣　34
合掌造り　6
カップラーメン　156
ガーデン・シティ　67
カトリーヌ・ド・メディシス　48
家内制手工業　81
カフェ　134
カフタン　10
袿　34
唐衣　22
ガラス　90
ガラス障子　90
カリー　15
ガルソンヌスタイル　119

索　引

カレーム，アントナン　73
瓦葺塗屋造り　54
感覚機能　168
感謝祭　87
缶詰　120
関東大震災　144
簡便食品　120

既製服　80, 154
貴族食　24
キモノ・コート　118
キュヴィリエ，フランソワ・ド　43
『嬉遊笑覧』　58
宮廷文化　48
牛鍋　108
キュロット　46
狂言　35
行事食　97
キラ　8

空間概念　139
空間の融通性　90
クグロフ　51
下りもの文化　60
クックチルシステム　120
クノーベルスドルフ，ゲオルグ・フォン　43
クラムチャウダー　86
クリノリン　70
クールトンヌ，ジャン　42
グルマン　49
グルメ　49
クレージュ　153
黒縮緬　92
黒羽二重　92
グロピウス，ワルター　113, 136
クロワッサン　51
クワント，マリー　153

ケ　88
形態安定性　165
ケーススタディーハウス　115
ケチケミトル　9
ゲル　5

玄関　90

ゴ　11
郊外　77
高感性素材　164
工業化の波　151
抗菌防臭加工　165
工場生産型既製服　83
『好色一代女』　56
香辛料　14
公団アパート　148
小袿　22
紅茶　74
香炉　19
コカコーラ　156
極細繊維　164
孤食　171
個性　166
コテージ　77
コーヒー　74, 110
コーポラティブハウジング　162
コルセット　45, 71, 118
コレクティブハウジング　162
コロッケ　132

サ　行

在来住宅批判　102
サヴァラン，ブリア　73
坐売舎　52
座敷　89
座敷飾り　29, 89
指貫　21
扠首構造　6
サラリーマン　88
サリー　8
サロン　8
サンキュロット　46
サンジュリー　41
サンスーシー宮殿　43
シェルター　4
下襲　20
しつらい　18
蔀戸　18

シノワズリ　41
シャネル，ガブリエル　119
シャルワール　11
集合住宅　7
住集体　161
就寝分離　150
住宅メーカー　151
住宅様式　79
繻珍　92
『主婦の友』　145
シュミーズ・ア・ラ・レーヌ　46
シュミーズ風ドレス　47
狩猟民族　12
正月料理　97
上段の間　30
浄土式庭園　17
商品化住宅　151
条坊制　16
食環境　170
職業婦人　141
食寝分離　150
食品の機能　168
書生羽織　92
ショール　93
真空低温調理　120
新合繊　164
人工皮革　164
紳士服産業　82
ジーンズ　152
寝殿造り　16

すい　58
炊飯器　156
素襖　34
透かし彫　107
スキップフロア　138
数寄屋　55
数寄屋造り　30
助六　57
厨子二階　54
裾模様　92
ストウ，キャサリン・ビチャー　77
ストウ，ハリエット・ビチャー

索　引

77
ストリートファッション　152
スパイス　14

生活改善運動　142
生活改善同盟会　126
生活空間　139
生活文化　2
生活様式　3
盛饌　25
生体調節機能　168
西部開拓　84
制服　104
西洋菓子　134
西洋住宅　103
西洋食品　109
西洋料理　108
西洋料理店　144
接客中心　102
折衷料理　132,144
背広服　117
セル　92,128
染織図案　130
仙台平　92
千本格子窓　54

草庵茶室　30
束帯　20
ソースエスパニョール　50
ソースマヨネーズ　50

タ　行

大饗料理　24
『大草原の小さな家』　76
台所庭　53
ダイニングキッチン　148
台盤　24
大紋　34
ダウニング，アンドリュー・ジャクソン　77
高脚膳　37
ダークなスーツ　69
竹久夢二　131
だて　56
建売住宅　151

伊達紋　57
谷口吉郎　137
ダンディ　68
ダンディズム　70
断髪　140

地方料理　122
チマ　9
茶室　55
茶の間　90
茶の湯　30,38
ちゃぶ台　146
茶屋　55
中国料理圏　14
中流住宅　101
帳台構　30
調理　12
チョゴリ　9
チョコレート　50
チョリ　8

通人　57
次の間　89
土浦亀城　137
続き間　89
妻戸　18

ディーン，ジェイムズ　153
出格子　53
手食　15,48
手縫い　80
田園住宅　77
田園都市　67,127
電気冷蔵庫　156

ドイツ工作連盟　112
透湿防水布　165
同潤会　127
動線　125
トゥルニュール　71
通り庭　52
床の間　29
都市　77
都市住宅　88
土蔵造り　54

トーネット，ミヒャエル　64
ドメスティック・リヴァイヴァル　65,112
とんび　92,129

ナ　行

長合羽　92
長ズボン　69
中庭　160
中之間　53
中廊下型住宅　91
奈良茶飯屋　62
南庭　17
南北戦争　81

肉食　108
二重廻し　92,129
日常食　99
日本住宅公団　148
女房装束　21

ヌーベル・キュイジーヌ　121
塗籠　18

ネコの家　91
ネル　94,128
年中行事　96

能　35
農耕民族　12
直衣　21
能舞台　30

ハ　行

バイアスカット　119
ハイウエストのドレス　118
羽織　92
袴　34
パジャマ　11
バッスルスタイル　71,104
ばったり床几　54
バティック　8
パニエ　45
ハーブ　14
羽二重　92

パブリックスペース 78
バーベキュー 86
パーマネント 143
バリアフリー 166
ハレ 88
ハワード，エベネザー 67
パン 110
半襟 131
判じ物 56
反体制 153
ハンバーガー 156

ピクチュアレスク 67
庇 17
ピジャマ 11
直垂 33
雛形本 56
屏風 19
ビン詰 120

ファサード 138
ファーストフード 156
ファッション 164
ファッションプレート 142
ブイヨン 72
フォームラミネート 164
フォルチュニ，マリアノ 119
吹き抜け 138
襖障子 28
プディング 73
プライバシー 102, 150
プライベートスペース 78
ブランメル，ジョージ・ブライアン 68
プリーツ加工 119
プレタポルテ 154
プレーリーハウス 112
ブロイラー 156
フロックコート 116
プロトタイプ 162
文化 1
文化住宅 126, 145
分業制 81
分譲マンション 151
文明 2

文楽 35

平安京 16
兵食 133
ペルシャ・アラブ料理圏 15

棒手振り 60
ポストモダン 115
ポトフ 72
ボブカット 143
ボフラン，ジェルマン 41
ホブルスカート 119
堀口捨己 137
ポワレ，ポール 118
本膳料理 36
ポンチョ 9

マ 行

舞良戸 28
マスメディア 83
町家 52
店屋 52
マッキントッシュ，チャールズ・レニー 65
マドレーヌ 50
マリア・テレサ 49
マリア・テレジア 51
マリー・アントワネット 51
マリー・レクチンスキー 50
丸帯 92
丸ビル 141

ミシン 80
見世 53
見世庭 53
御帳 19
ミニスカート 152
耳隠し 143
ミモレ丈のドレス 119
ミュスガダン 46

虫籠窓 54
無地の着物 92

銘仙 92

メリンス 94, 128
メルベイユーズ 47

裳 22
モスリン 128
モスリン友禅 129
モダニズム 140
モダンガール 140
モダンハウス 114
モダンリビング 149
餅 96
モーニングコート 116
もののあはれ 27
身舎 17
モリス，ウィリアム 65
文様 58

ヤ 行

窨洞 4
屋台 61
矢羽根柄 95
遣戸 28
遊牧民族 5, 12
床座 124
ユニットバス 160
ユニバーサルファッション 166
指輪 107

洋館 101
『養生訓』 59
洋食屋 144
洋装 104, 140
洋風化粧 140
洋風住居 100
洋野菜 145
鎧 32
鎧直垂 32
ヨーロッパ料理圏 15

ラ 行

ラウンジジャケット 116
ラウンジスーツ 116
『ラ・ガルソンヌ』 119

ラシャ　93
ラスキン，ジョン　64
『ラルース美味学辞典』　73

リヴァイヴァリズム　64
リーバイ・ストラウス社　152
リボン　70,95
流行現象　155
流行色名　58
流行服飾　59
料理　12
『料理物語』　60
料理屋　61

ルイ14世　40,48

『類聚雑要抄』　24
ル・コルビュジエ　113,136
ルダンゴット　46

冷凍食品　120
礼服　104
レース　70
レストラン　72
レンジ　73

鹿鳴館　104
ロココ　40
ローブ　44
ローブ・ア・ラ・フランセーズ　44

ロマンティックスタイル　70
ローラ・モンテス　118

ワ 行

ワイルダー，ローラ・インガルス　76
ワーグナー，オットー　66
ワトー・ローブ　44
和風住宅　102
和服　10
和洋館並列型住宅　100
和洋折衷(の)住宅　101,124
和洋折衷料理　132
ワンルームマンション　160

編著者略歴

佐々井　啓（さ さ い　けい）
1946年　東京都に生まれる
1969年　お茶の水女子大学大学院
　　　　修士課程修了
現　在　日本女子大学家政学部
　　　　教授

篠原聡子（しの はら さと こ）
1958年　千葉県に生まれる
1983年　日本女子大学大学院
　　　　修士課程修了
現　在　日本女子大学家政学部
　　　　准教授

飯田文子（いい だ ふみ こ）
1958年　神奈川県に生まれる
1983年　日本女子大学大学院
　　　　修士課程修了
現　在　日本女子大学家政学部
　　　　准教授

シリーズ〈生活科学〉
生活文化論
定価はカバーに表示

2002年4月10日　初版第1刷
2006年4月10日　第3刷（訂正版）
2016年4月25日　第10刷

編著者　佐々井　　啓
　　　　篠　原　聡　子
　　　　飯　田　文　子
発行者　朝　倉　誠　造
発行所　株式会社　朝倉書店
　　　　東京都新宿区新小川町6-29
　　　　郵便番号　162-8707
　　　　電　話　03(3260)0141
　　　　FAX　03(3260)0180
　　　　http://www.asakura.co.jp

〈検印省略〉

© 2002〈無断複写・転載を禁ず〉　　教文堂・渡辺製本

ISBN 978-4-254-60591-4　C3377　　Printed in Japan

JCOPY 〈(社)出版者著作権管理機構 委託出版物〉

本書の無断複写は著作権法上での例外を除き禁じられています．複写される場合は，そのつど事前に，(社)出版者著作権管理機構（電話 03-3513-6969，FAX 03-3513-6979，e-mail: info@jcopy.or.jp）の許諾を得てください．

好評の事典・辞典・ハンドブック

感染症の事典 　国立感染症研究所学友会 編　B5判 336頁

呼吸の事典 　有田秀穂 編　A5判 744頁

咀嚼の事典 　井出吉信 編　B5判 368頁

口と歯の事典 　高戸 毅ほか 編　B5判 436頁

皮膚の事典 　溝口昌子ほか 編　B5判 388頁

からだと水の事典 　佐々木成ほか 編　B5判 372頁

からだと酸素の事典 　酸素ダイナミクス研究会 編　B5判 596頁

炎症・再生医学事典 　松島綱治ほか 編　B5判 584頁

からだと温度の事典 　彼末一之 監修　B5判 640頁

からだと光の事典 　太陽紫外線防御研究委員会 編　B5判 432頁

からだの年齢事典 　鈴木隆雄ほか 編　B5判 528頁

看護・介護・福祉の百科事典 　糸川嘉則 編　A5判 676頁

リハビリテーション医療事典 　三上真弘ほか 編　B5判 336頁

食品工学ハンドブック 　日本食品工学会 編　B5判 768頁

機能性食品の事典 　荒井綜一ほか 編　B5判 480頁

食品安全の事典 　日本食品衛生学会 編　B5判 660頁

食品技術総合事典 　食品総合研究所 編　B5判 616頁

日本の伝統食品事典 　日本伝統食品研究会 編　A5判 648頁

ミルクの事典 　上野川修一ほか 編　B5判 580頁

新版 家政学事典 　日本家政学会 編　B5判 984頁

育児の事典 　平山宗宏ほか 編　A5判 528頁

価格・概要等は小社ホームページをご覧ください．